A PSICOLOGIA DAS MUDANÇAS CLIMÁTICAS

Blucher

Geoffrey Beattie | Laura McGuire

A PSICOLOGIA DAS MUDANÇAS CLIMÁTICAS

Tradução

Sonia Augusto

Título original: The Psychology of Climate Change
A psicologia das mudanças climáticas

Publisher Edgard Blücher
Editor Eduardo Blücher
Coordenação editorial Jonatas Eliakim
Produção editorial Bonie Santos
Preparação de texto Bárbara Waida
Diagramação Negrito Produção Editorial
Revisão de texto MPMB
Capa Leandro Cunha

Blucher

Rua Pedroso Alvarenga, 1245, 4º andar
04531-934 – São Paulo – SP – Brasil
Tel.: 55 11 3078-5366
contato@blucher.com.br
www.blucher.com.br

Segundo o Novo Acordo Ortográfico, conforme 5. ed. do *Vocabulário Ortográfico da Língua Portuguesa*, Academia Brasileira de Letras, março de 2009.

Dados Internacionais de Catalogação na Publicação (CIP)
Angélica Ilacqua CRB-8/7057

Beattie, Geoffrey
A psicologia das mudanças climáticas / Geoffrey Beattie, Laura McGuire; tradução de Sonia Augusto. – São Paulo: Blucher, 2021.
128 p. (A Psicologia de Tudo)

ISBN 978-65-5506-226-7 (impresso)
ISBN 978-65-5506-227-4 (eletrônico)

1. Mudança climática – Aspectos psicológicos. 2. Aquecimento global. 3. Psicologia ambiental. I. Título. II. McGuire, Laura. III. Augusto, Sonia. IV. Série.

21-1328 CDD 155.915

Índices para catálogo sistemático:
1. Mudança climática - Aspectos psicológicos

Gostaríamos de expressar nossa sincera gratidão a John Cater, o vice-reitor da Universidade Edge Hill, e a George Talbot, o pró-reitor de pesquisa na universidade, por seu apoio e seu incentivo. Nossa pesquisa foi apoiada nos últimos anos pela Academia Britânica e pelo Prêmio de Assistente de Ensino de Pós-Graduação da Universidade Edge Hill concedido a Laura McGuire, que lhe permitiu realizar seu doutorado nesta área.

CONTEÚDO

1

INTRODUÇÃO: O HOMEM NO ÔNIBUS E A CIÊNCIA DAS MUDANÇAS CLIMÁTICAS

UMA VIAGEM DE ÔNIBUS NA NEVE

As conversas com estranhos em ônibus são geralmente bem difíceis. Todos sabemos disso. Provavelmente foi o caderno aberto que atraiu a atenção dele. Ele ficava olhando para o caderno, primeiro disfarçadamente e, depois, com olhadas mais longas, como se quisesse ser visto. A página branca do caderno tinha apenas duas palavras escritas: "MUDANÇA CLIMÁTICA!" em letras grandes e pretas. Ele fez um som de reprovação na terceira olhada para a página e, depois, começou a falar abruptamente.

— Bom, para começo de conversa, isso não tem o menor sentido — disse ele. Apontou para a neve na rua. Era só uma poeira fina, mas era o suficiente. — Então isso é o aquecimento global para você — disse ele e olhou para mim, um dos autores deste livro [Geoffrey Beattie], esperando que me juntasse a ele em uma condenação comunitária desse grande boato.

Ele repetiu, mais alto da segunda vez, e olhou ao redor em busca de apoio. Ele estava começando a atrair a atenção das pessoas; alguns passageiros do ônibus estavam acenando com a cabeça e seguindo os comentários dele, mas aí ele se virou para quem estava mais perto dele, a pessoa apertada no assento ao lado dele, aquela que não teria como escapar.

Talvez ele tenha sido incentivado pelo ponto de exclamação; talvez isso tenha sido responsável pela conversa em primeiro lugar.

— Que piada — continuou ele. — Você não acredita nessa bobagem, não é?

O olhar dele era acusador e exigia uma resposta. Mas de que valia responder?

Parece que as mudanças climáticas, como a política, a religião e a morte, entraram no domínio dos assuntos que não são abordados em uma conversa educada. Existem discordâncias demais (não uma discordância violenta, é claro, pelo menos ainda não, mas ainda assim muito acalorada e desordenada) ligadas a valores pessoais, ideologias diferentes e até mesmo visões religiosas que não podem ser transpostas por palavras polidas (embora tentemos fazer isso neste livro). Não teria parecido certo falar sobre a diferença entre o tempo e o clima para aquele homem no ônibus, nem mesmo tentar sentir empatia pelo fato de que "aquecimento global" pode ser um termo muito enganador para muitas pessoas. Alguns têm sugerido que "caos climático" é um descritor melhor para o que está acontecendo e o que acontecerá cada vez mais no futuro. O conceito de "caos" capta o que estamos testemunhando em termos de padrões de tempo mais frequentes, extremos e imprevisíveis.

Mas provavelmente não era o melhor momento para uma palestra sobre o caos climático, nem era o melhor momento para argumentar que existe um *admirável* consenso científico sobre as mudanças climáticas – "admirável" porque é raro ver esse grau de concordância científica sobre qualquer assunto. Afinal de contas, a ciência é impulsionada por disputa, desacordo e diferença. Essa é de fato sua natureza, é assim que ela se desenvolve, cresce e *muda*. Mas quando se trata das mudanças climáticas, os cientistas *concordam* que tem havido um aumento nas concentrações de gases do efeito estufa na atmosfera e que isso está ligado a um aquecimento geral do planeta. Existe uma concordância de que as temperaturas médias aumentaram no século passado e de que elas vão continuar a subir.

Eles também concordam que é "altamente provável" que os seres humanos tenham contribuído para isso com o seu comportamento, pois essas alterações nas emissões dos gases do efeito estufa e o aquecimento global espelharam grandes mudanças na atividade humana, como a Revolução Industrial, e uma mudança nos padrões do uso da terra, das demandas de energia e dos transportes.

Mas o termo "altamente provável" parece ser parte do problema. Não é "certo", dizem os críticos, não como a própria morte (ou os impostos, como Benjamin Franklin afirmou ironicamente); parece confuso e vago para as pessoas não acostumadas ao raciocínio probabilístico. Os cientistas do clima também concordam que o impacto das mudanças climáticas sobre o planeta será severo, mas variam na avaliação de quão severo. Eles criaram modelos de uma gama de resultados possíveis, mas definir a probabilidade exata de cada resultado possível é mais problemático por causa dos graus de incerteza nos modelos, incluindo o conhecimento do sistema climático da Terra e da atividade humana futura. Esse é o problema com a ciência: ela lida com probabilidades.

O QUE DIZEM OS CIENTISTAS

O Painel Intergovernamental sobre Mudanças Climáticas (Intergovernmental Panel on Climate Change – IPCC), que inclui centenas dos cientistas mais importantes do mundo, é a agência internacional encarregada de revisar e avaliar o vasto corpo de evidências científicas que se acumulam ao redor das mudanças climáticas. Esse órgão recebeu o Prêmio Nobel da Paz em 2007. Nas três últimas décadas, ele emitiu uma sucessão de relatórios e "declarações de consenso" resumindo o estado atual do conhecimento sobre as mudanças climáticas, com as evidências que se acumulam, ainda embasadas em termos probabilísticos, apontando cada vez mais para uma conclusão inescapável.

Em 1995, o IPCC concluiu: "O saldo das evidências sugere uma influência humana discernível no clima global". No relatório de 2007, o IPCC concluiu:

> As atividades humanas . . . estão modificando a concentração de constituintes atmosféricos . . . que absorvem ou dispersam a energia radiante . . . A maior parte do aquecimento observado nos últimos 50 anos muito provavelmente se deve ao aumento nas emissões dos gases do efeito estufa.

No relatório de 2013, o IPCC concluiu: "O aquecimento do sistema climático é *inequívoco* e, desde a década de 1950, muitas das mudanças observadas não têm precedentes em décadas ou milênios . . . É extremamente provável que a influência humana tenha sido a causa dominante" (grifo nosso). Em 2015, o IPCC concluiu que estamos "agora 95% certos de que os seres humanos são a *causa principal* do atual aquecimento global" (IPCC, 2015, p. v, grifo nosso). O IPCC também sugeriu que, com base nas evidências existentes, um aumento na temperatura global terá "impactos severos e disseminados com . . . extinções substanciais de espécies, grandes riscos de segurança alimentar global e regional . . . cultivo de alimentos ou trabalho ao ar livre", bem como produzirá flutuações extremas no tempo, entre elas secas, inundações e tempestades. As conclusões do IPCC têm sido endossadas e apoiadas por mais de 200 órgãos científicos em todo o mundo, incluindo as principais organizações científicas em cada um dos países do G8, como a National Academy of Science dos Estados Unidos e a Royal Society no Reino Unido.

Além disso, um número cada vez maior de pessoas está sentindo em primeira mão os efeitos devastadores das mudanças climáticas, com aumento das condições de tempo adversas, como inundações frequentes, furacões mais fortes, ondas de calor mais longas, mais *tsunamis* e períodos de seca (IPCC, 2015; UK Climate Change Risk Assessment, 2016). A Organização Mundial de Saúde – OMS (WHO, 2017) alerta que, com o aumento das temperaturas e das chuvas, precisamos estar preparados para mais doenças resultantes de mudanças climáticas, entre elas infecções transmitidas por mosquitos, como a malária, a dengue e a zika. A OMS afirma que: "As mudanças climáticas já causaram dezenas de milhares de mortes por ano por doenças, calor e tempo extremo", e eles dizem que esta é "a maior ameaça à saúde global no século XXI". Na verdade, o Fórum Econômico Mundial identificou as mudanças climáticas como *o* principal risco global enfrentado pela humanidade – um risco maior que armas de destruição em massa e escassez severa de água (Global Risk Report, 2016).

As evidências sugerem que os seres humanos são os contribuintes mais significativos para as mudanças climáticas por meio de uso de energia, crescimento populacional, uso da terra e padrões de consumo (IPCC, 2015). Atualmente, as emissões de CO_2 causadas pela atividade humana estão no nível mais alto já atingido e continuam a subir. As emissões globais de CO_2 em 2011 foram relatadas como "150 vezes mais altas que em 1850" (World Resource Institute, 2014; ver também IPCC, 2015). Embora não possamos desfazer os danos já infligidos no que se refere às mudanças climáticas, temos o poder de adaptar nosso comportamento para mitigar qualquer efeito futuro.

Apesar de o papel da atividade humana como causa ser "claro" (e "crescente"), não há evidências de adaptação comportamental em larga escala por parte da população. Na verdade, parece haver uma desconexão monumental entre a ciência das mudanças climáticas e a percepção do público quanto às mudanças climáticas e suas ações subsequentes. Por exemplo, uma pesquisa de 2013 conduzida pela Universidade de Yale revelou que apenas 63% dos estadunidenses "acreditam que o aquecimento global está acontecendo". É interessante notar que esse número já foi mais alto (72%) em 2008, antes de os efeitos da crise econômica serem plenamente sentidos e antes de ocorrer o escândalo do "Climagate" em 2009, quando e-mails de cientistas do clima da Universidade de East Anglia foram hackeados. Foi sugerido na época que teria havido alguma manipulação dos dados científicos, e que os cientistas do clima, como todos os outros neste grande "debate das mudanças climáticas", tinham um interesse próprio a proteger. A crença nas mudanças climáticas caiu para 52% em 2010. Quase metade dos estadunidenses em uma pesquisa realizada em 2010 pensava que o aquecimento global era atribuível a causas naturais em vez de ser atribuível à atividade humana – os cientistas do clima claramente pensam o contrário.

O motivo de haver uma divisão tão grande de opiniões entre os cientistas e o público (e entre diferentes segmentos do público) poderia ser analisado de diversas maneiras. Vamos argumentar que é mais apropriado considerar isso em termos psicológicos, mas tendo em mente que tanto o próprio problema quanto qualquer solução potencial são multidimensionais e têm diversos níveis. É uma questão global, envolvendo diferentes países e governos (e, portanto, que exige que se levem em conta as políticas locais e globais) e diversos grupos sociais com dados demográficos, padrões de consumo de mídia e níveis educacionais diferentes (e, portanto, uma consideração das perspectivas sociológica, econômica e educacional), com implicações para a manufatura e a indústria (envolvendo uma consideração da economia e do comércio internacional). E, é claro, isso envolve os *indivíduos* e suas crenças, seus valores, suas atitudes e seu comportamento, que, argumentaríamos, podem ser pensados como o centro de tudo, com seus valores e suas atitudes dirigindo o comportamento de consumo e a produção de bens.

A psicologia pode, de fato, ser a chave para muitos dos mais intrigantes aspectos de nossa reação às mudanças climáticas, mas, para entender por que e como, teremos de nos aventurar na mente de Donald Trump;[1] considerar o olhar fixo dos consumidores nos primeiros milissegundos em que olham para um produto no supermercado; e analisar como e por que os seres humanos usam raciocínios "preguiçosos" para chegar a determinados tipos de conclusão; e o que o tabagismo e as mudanças climáticas têm em comum. A resposta, aliás, é que ambos são extremamente prejudiciais, mas por muitos anos foram sujeitos a um enorme "debate científico" (fabricado e pago) sobre o dano real que podem causar. Vamos examinar como esse debate foi alimentado e quem exatamente pagou para que ele acontecesse. Vamos nos aventurar na mente consciente do público e em sua mente inconsciente, e argumentar que o "conflito" entre esses dois tipos de processos pode ser a chave para muitas das questões recorrentes em todo esse domínio (Beattie, 2018).

---

1 Presidente dos Estados Unidos na ocasião da primeira publicação deste livro, em 2019 [N.E.].

ALGUMAS REAÇÕES DIANTE DA CIÊNCIA DAS MUDANÇAS CLIMÁTICAS

Há evidências científicas do papel da atividade humana no aumento das emissões de gases do efeito estufa e na produção de mudanças climáticas já há um tempo considerável. Na verdade, em 1896, o químico sueco Svante Arrhenius calculou os efeitos possíveis da duplicação da quantidade de dióxido de carbono sobre as temperaturas globais. Em 1965, o Conselho Consultivo Científico do presidente Lyndon B. Johnson alertou que o aumento constante no dióxido de carbono atmosférico poderia "modificar o equilíbrio de calor da atmosfera". No Reino Unido, o *Stern Review* (conduzido por Sir Nicholas Stern, o antigo economista-chefe do Banco Mundial) concluiu há mais de uma década que "as mudanças climáticas apresentam riscos globais muito graves e exigem uma resposta global urgente". A conclusão de Stern na época foi que "as mudanças climáticas ameaçam os elementos básicos da vida para as pessoas em todo o mundo – acesso à água, produção de alimentos, saúde e uso da terra e o meio ambiente". Stern também concluiu que é extremamente provável que a atividade humana e, especialmente, os padrões de consumo e de uso de energia, impulsionados pela demanda dos consumidores por padrões de vida mais elevados, sejam fatores significativos no aumento das emissões de CO_2 globais e, portanto, um importante aspecto direcionador das mudanças climáticas. Ele argumentou que: "As emissões foram e continuam a ser impulsionadas pelo crescimento econômico" – uma visão posteriormente apoiada pelos diversos relatórios.

As evidências das mudanças climáticas estão disponíveis há algum tempo, então por que essa "resposta global urgente" (nas palavras de Stern) não aconteceu? O IPCC (2015) argumentou que poderíamos *limitar* os efeitos das mudanças climáticas mudando nosso comportamento individual e coletivo. Nós poderíamos voar menos, comer menos carne, usar transporte público, andar de bicicleta ou caminhar, reciclar, escolher mais produtos de baixo carbono, tomar banhos mais curtos, desperdiçar menos alimentos ou reduzir o uso de energia em casa. Algumas mudanças locais significativas têm ocorrido, mas nada como a "resposta global" necessária para mitigar os efeitos prejudiciais das mudanças climáticas.

Somos lembrados aqui de uma estatística um pouco deprimente relatada por uma importante multinacional, a Unilever, em seu "Plano de vida sustentável". Em 2013, eles esboçaram como pretendiam reduzir pela metade o impacto dos gases do efeito estufa de seus produtos em todo o ciclo de vida até 2020. Para atingir essa meta, eles reduziram as emissões de gases do efeito estufa em sua cadeia produtiva. Eles optaram pelo fornecimento de matérias-primas mais amigáveis para com o ambiente, duplicaram seu uso de energia renovável e produziram líquidos e pós concentrados. Eles reduziram as emissões dos gases do efeito estufa provenientes de transporte e refrigeração. Eles também restringiram as viagens dos funcionários. O resultado de todas essas iniciativas foi que o impacto de sua "pegada de gases do efeito estufa por consumidor . . . ***aumentou*** cerca de 5% desde 2010". Eles concluíram: "Fizemos bons progressos nas áreas que podemos controlar, mas . . . os grandes desafios são as áreas que não estão sob nosso controle direto como . . . ***o comportamento do consumidor***" (2013, p. 16, grifos nossos). Parece que os consumidores não estão "captando a mensagem". Eles não estão optando pelas alternativas de baixo carbono como previsto; eles não estão mudando a duração do banho (para reduzir o consumo de energia e de água); eles não estão eliminando seus hábitos de alto uso de carbono. A questão é por quê?

Esse fracasso por parte do público em mudar seu comportamento talvez seja ainda mais surpreendente considerando que o Department of Environment, Food and Rural Affairs (Defra – Departamento de Meio Ambiente, Alimentos e Assuntos Rurais) no Reino Unido tem argumentado repetidamente que "Muitas pessoas estão dispostas a fazer um pouco mais para limitar seu impacto ambiental, mas ainda assim as pessoas têm um nível de compreensão muito mais baixo sobre o que podem fazer e o que faria diferença". É claro que a campanha da Unilever foi planejada para ajudar nesse aspecto ao tornar produtos mais sustentáveis facilmente disponíveis. Isso levou a diversas outras campanhas apoiadas pelo governo no Reino Unido com o objetivo de nos persuadir a mudar nosso comportamento – apagar as luzes quando não estiverem em uso, comprar produtos de baixo carbono, compartilhar carros etc. Essas são todas ações definidas de modo relativamente claro e que poderiam fazer diferença significativa se um número suficiente de pessoas agisse assim, mas os resultados foram decepcionantes.

Veja, por exemplo, a questão da rotulagem de carbono nos produtos para guiar os consumidores para a alternativa mais amigável para o meio ambiente. Tesco, o varejista sediado no Reino Unido, introduziu a rotulagem de carbono em 2007, visando incluir rótulos de carbono em todos os seus 70 mil produtos de marca própria. Terry Leahy, CEO do Tesco na época, disse: "O movimento verde precisa se tornar um movimento de massa em consumo verde". Para atingir essa meta, Leahy argumentou, "Temos de capacitar todas as pessoas, não apenas os iluminados ou os ricos". Mas o Tesco desistiu desse plano em 2012, argumentando que os outros supermercados não se uniram a ele nesse projeto e disse que o cálculo preciso da pegada de carbono era mais lento e muito mais caro do que originalmente previsto. Porém, na realidade, isso simplesmente não funcionou. E talvez isso pudesse ter sido previsto (Beattie, 2012). Em uma situação experimental, os autores deste livro descobriram que, ao ver os produtos, as pessoas davam muito pouca atenção aos rótulos de carbono. Usando o rastreamento ocular para monitorar a fixação do olhar individual nos produtos a cada 40 milissegundos, descobrimos que em menos de 7% dos casos os participantes se fixavam no ícone da pegada de carbono ou na informação de pegada de carbono nos primeiros cinco segundos (Beattie et al., 2010). E esse período de cinco segundos é importante porque esse é o período médio pelo qual olhamos um produto antes de fazer nossa escolha em um supermercado.

Assim, a população do Reino Unido, em seu papel como consumidora, não estava se comportando da maneira prevista pelo governo e pelos grandes varejistas. Havia claramente algumas questões psicológicas importantes aqui, considerando que as pessoas disseram que queriam rótulos de carbono nos produtos, mas depois não deram atenção a eles. Esse é o tipo de questão que vamos explorar neste livro, que começamos em dezembro de 2017. A data pode ser importante: as opiniões a respeito das mudanças climáticas se alteram dependendo de grandes eventos mundiais (e o tempo específico em determinado momento, inclusive se está nevando ou não). Às vezes é crucial colocar um carimbo de data/hora nos projetos, em especial os similares a este – projetos que afetarão todos nós. Algum dia no futuro, podemos muito bem olhar para trás quanto às mudanças climáticas e nos perguntar por que houve tanta discussão. A ciência, afinal de contas, era clara e nada ambígua. Os cientistas do clima comunicaram suas descobertas efetivamente para os políticos, os elaboradores de políticas e o público, e todos (mais ou menos ao mesmo tempo neste cenário ideal) decidiram que era necessária uma mudança urgente e, como resultado, modificaram seu comportamento nos níveis pessoal, comunitário, social e nacional, resultando em uma tendência global – uma mudança sísmica em atitudes e comportamento. Esse é um cenário.

Ou, *possivelmente*, algum dia no futuro, podemos olhar para trás e nos perguntar por que não fizemos algo a respeito das mudanças climáticas antes, quando todos os sinais estavam presentes e claros, e agora (nesse ponto no futuro em que algumas gerações futuras sobrevivem) é simplesmente tarde demais para fazer alguma coisa. A ciência pode ter sido considerada clara e não ambígua por *algumas pessoas*, mas, por algum conjunto de complexas razões psicológicas, a mensagem não foi recebida, ou foi recebida mas não se acreditou nela, ou foi recebida e considerada verdadeira, mas supomos que isso não nos afetaria e, assim, demos pouca atenção a ela na correria de nossa vida cotidiana, ou tentamos de um modo limitado fazer algumas mudanças e, depois, desistimos porque concluímos que as outras pessoas não estavam se esforçando e nos sentimos tolos.

É disso que trata este livro: aquelas "complexas razões psicológicas", aqueles fatores psicológicos – que podem na verdade ser muito simples, mas incrivelmente potentes – que estão influenciando o modo como respondemos às mudanças climáticas em todos os níveis em termos de processos mais básicos como atenção e percepção, em termos de nossas respostas emocionais e cognitivas, em termos de nossa interpretação e compreensão, em termos de nossa representação e visão de mundo, em termos de nossa disposição em falar e compartilhar nossas visões a respeito delas com nossos amigos e colegas (ou estranhos em um ônibus) e, depois, subindo a cadeia, até nossos representantes e políticos, tudo isso moldando nossa predisposição a agir ou não.

Então, o que é a *psicologia* das mudanças climáticas?

2

FAKE NEWS: A CIÊNCIA E A POLÍTICA DAS MUDANÇAS CLIMÁTICAS

O ano de 2017 foi, de muitas maneiras, crucial para as mudanças climáticas e para todos nós. Em 20 de janeiro, Donald J. Trump, considerado um negacionista em relação às mudanças climáticas, foi eleito o 45º presidente dos Estados Unidos e, mais tarde nesse ano, o *Fourth National Climate Assessment Report* (*Quarto relatório nacional de avaliação do clima*) foi publicado pelo US Global Change Research Program (Programa Estadunidense de Pesquisa das Mudanças Globais). Foram dois eventos monumentais para o "debate" sobre as mudanças climáticas. Trump disse que cancelaria o Acordo de Paris dentro de 100 dias após assumir o mandato; ele assinou uma ordem executiva em março de 2017 que reverteu o Clean Power Plan (Plano de Energia Limpa), que exigia que os estados regulamentassem as usinas energéticas; ele descreveu as mudanças climáticas antropogênicas como "um boato".

O *Fourth National Climate Assessment Report* foi mais um relatório que aumentou o consenso científico quanto às mudanças climáticas, mas ele era "a avaliação especializada da ciência das mudanças climáticas", com um foco nos *Estados Unidos*. O fato de que o foco eram os Estados Unidos foi muito importante. Uma das principais questões psicológicas em relação às mudanças climáticas é que frequentemente são percebidas como referentes a *outros* locais e *outros* tempos, e não uma preocupação direta que diz respeito a nós aqui e agora. A crença é que elas afetarão locais mais distantes (algumas vezes chamada de "viés espacial") e não o nosso e que elas afetarão as gerações futuras e não a nossa (isso é chamado de "viés temporal"). Na verdade, em uma pesquisa recente, os autores deste livro (Beattie et al., 2017) descobriram que, embora as pessoas (estudantes e funcionários de uma universidade) pensassem que tinham uma probabilidade de 48,1% de serem *pessoalmente* afetadas pelas mudanças climáticas (em outras palavras, as chances são contra as mudanças), elas pensavam que as *outras pessoas* tinham uma probabilidade de 65,3% de serem afetadas pelas mudanças climáticas (em outras palavras, as chances são a favor). Os participantes também avaliaram que 82,8% das gerações futuras seriam afetadas (elas realmente serão afetadas – falando probabilisticamente).

Grandes parcelas da população dos Estados Unidos parecem supor que serão imunes aos caprichos das mudanças climáticas (se elas sequer chegarem a existir), e Donald Trump, em sua campanha eleitoral, aproveitou essas crenças, as reforçou e as liderou. Eles parecem acreditar que isso realmente não tem a ver com eles (exceto talvez em termos do que poderiam ter de pagar por causa do Acordo de Paris). Muitos, entre eles o próprio presidente, descreveram as mudanças climáticas como um "boato", e essa mensagem caiu muito bem na campanha dele naqueles estados que tinham sofrido com o declínio do setor do carvão. Ele tweetou, em 1º de novembro de 2012: "Vamos continuar a destruir a competitividade de nossas fábricas e indústrias para que possamos lutar contra o mítico aquecimento global. A China está tão feliz!", e, em 5 de fevereiro de 2015, ele tweetou: "Registro de baixas temperaturas e enormes quantidades de neve. Onde diabos está o AQUECIMENTO GLOBAL?".

"Onde diabos está o aquecimento global quando precisamos dele?" tornou-se um *slogan* recorrente (extraído de um tweet de Donald Trump em 14 de maio de 2013). Talvez o homem no ônibus tenha visto os tuítes; talvez ele nem precisasse.

"Bem aqui, agora mesmo", foi a resposta do *Fourth National Climate Assessment Report*. O relatório dizia:

> A temperatura média global anual do ar na superfície aumentou em cerca de 1,0 °F (1,8 °C) nos últimos 115 anos (1901-2016). Esse período é agora o mais quente na história da civilização moderna . . . é extremamente provável que as atividades humanas, especialmente emissões de gases do efeito estufa, sejam a causa dominante do aquecimento observado desde meados do século XX . . . além do aquecimento, muitos outros aspectos do clima global estão mudando, basicamente em resposta às atividades humanas. Milhares de estudos realizados por pesquisadores de todo o mundo têm documentado mudanças nas temperaturas de superfície, atmosféricas e oceânicas; descongelamento dos glaciares; diminuição da cobertura de neve; encolhimento do gelo no mar; aumento dos níveis do mar; acidificação do oceano; e aumento no vapor d'água atmosférico. (USGCRP, 2017, p. 10)

Os resultados dessas mudanças para os Estados Unidos estão bem documentados no relatório; ele explica como houve um aumento nos eventos de tempo extremo com chuvas fortes aumentando em intensidade e frequência, uma frequência mais alta de ondas de calor, um aumento na frequência dos grandes incêndios florestais no oeste dos Estados Unidos e no Alasca e uma redução na cobertura de neve que afeta recursos hídricos no oeste dos Estados Unidos. O relatório alerta que "supondo que não haja mudanças na gestão de recursos hídricos, secas hidrológicas crônicas e de longa duração serão cada vez mais possíveis antes do final deste século".

Essa é uma avaliação científica equilibrada e com autoridade, mas a ciência, é claro, funciona sobre os princípios de testagem, previsão e probabilidade científicas. Pouquíssimas coisas na vida são realmente certas. Assim, o relatório diz: "É *extremamente provável* que as atividades humanas, especialmente emissões de gases do efeito estufa, sejam a causa dominante do aquecimento observado desde meados do século XX". A ciência se baseia em probabilidades e, portanto, o relatório se dá ao trabalho de explicar esses termos-chave probabilísticos com um glossário. Eles explicam que "probabilidade" é a "chance de ocorrência de um efeito ou impacto com base em medidas de incerteza expressas em termos probabilísticos". Eles também explicam que "extremamente provável" significa que tem uma chance de 95% a 100% de acontecer. Os cientistas entendem a plena significância disso. Mas, é claro, os críticos, os cínicos, os otimistas extremos, aqueles com um interesse pessoal, o presidente dos Estados Unidos (neste ponto da nossa história) distorcem esses termos probabilísticos. "Não é certeza", dizem eles. "Por que deveríamos mudar nosso comportamento, nossos valores, nossa cultura, nossa posição econômica no mundo por algo que é apenas *provável*? Está bem, extremamente provável. Isso não significa que vá acontecer *com certeza*. Se mudarmos nossas indústrias de carvão e de petróleo, posso lhe dizer uma coisa: vamos perder nossa posição econômica para a China, e isso é certeza." O ano de 2017 foi um ano de não ciência, e de *fake news* e discussões que não eram científicas.

Mais para o final do ano, as coisas começaram a esquentar. O presidente Trump estava de férias, de novo, em seu *resort* em Mar-a-Lago, em West Palm Beach, Flórida, por onze dias na época de Natal. O sol brilhava. Não é à toa que a Flórida é chamada de "o Estado Ensolarado". Na primeira manhã das férias, como era de se esperar, ele estava de volta a seu próprio campo de golfe. Parece que esse era seu 85º dia em um campo de golfe desde que havia se tornado presidente, segundo a NBC News. Enquanto o resto do mundo se preocupava com o impasse nuclear com a Coreia do Norte de Kim Jong-un e as falas recentes do presidente Trump sobre o tamanho de seu botão nuclear ("Eu também tenho um Botão Nuclear, mas é muito maior e mais poderoso que o dele, e o meu botão funciona!"), o presidente nos garantiu que ia "trabalhar duro" na preparação de uma agenda para 2018 que incluiria tanto planos de infraestrutura para "Tornar a América grande" ("Make America Great") de novo quanto "ações" não especificadas contra a Coreia do Norte. "Eu vou trabalhar muito", afirmou ele novamente. Disseram que não devíamos nos preocupar com esse "gênio estável" como presidente, como ele logo viria a se descrever – um gênio estável que tinha tudo sob controle.

COERÊNCIA E INCOERÊNCIA

Mas coerência, é claro, nunca foi um ponto forte dele. Em outubro de 2014, o presidente Trump tweetou: "Vocês acreditam que, com todos os problemas e dificuldades que os Estados Unidos enfrentam, o presidente Obama passou o dia jogando golfe?". Antes de entrar na Casa Branca, em um comício de campanha, ele garantiu ao povo estadunidense que "Eu vou trabalhar por vocês. Não vou ter tempo para jogar golfe". Mas isso foi naquele comício. Ele jogou três vezes mais golfe que seu antecessor Barack Obama e que outro grande presidente golfista, George W. Bush, que parou completamente de jogar em 2003 em resposta às amplas críticas sobre seus momentos óbvios de lazer durante a Guerra do Iraque. O presidente Trump desfrutou o golfe sob o sol brilhante com alguns golfistas profissionais e um senador. Perfeito. O tempo fez tudo que era esperado dele naquele fim de ano. E não só na Flórida. Uma frente fria atingiu a costa nordeste dos Estados Unidos. Cães morreram congelados nos canis. A vida não podia ser melhor para Donald J. Trump.

"No leste, esta pode ter sido a MAIS FRIA véspera de Ano Novo registrada. Talvez pudéssemos usar um pouco daquele bom e velho Aquecimento Global do qual nosso País, mas não outros países, ia pagar TRILHÕES DE DÓLARES para se proteger. Agasalhem-se!", tweetou ele alegremente em 28 de dezembro.

Trump sempre foi um negacionista em relação às mudanças climáticas, embora "sempre" seja um termo relativo aqui. Em 2009, ele assinou uma carta aberta que havia sido dirigida ao presidente Obama e publicada no *New York Times* que incentivava ação positiva do governo em relação às mudanças climáticas. Mas sua posterior negação das mudanças climáticas foi uma grande parte de sua campanha "Make America Great". As mudanças climáticas eram uma conspiração chinesa para prejudicar a indústria estadunidense. Era um boato, uma notícia falsa. A mensagem foi bem aceita pelas massas, especialmente naqueles estados cuja indústria pesada tinha sido muito afetada pela concorrência externa. Em dezembro de 2017, a administração Trump retirou as mudanças climáticas de uma lista de ameaças globais na nova estratégia de segurança nacional revelada pelo presidente. Aí aconteceu a frente fria. Ele estava dizendo que bastava olhar para o noticiário para ver o que estava acontecendo no nordeste dos Estados Unidos.

E então ficou muito melhor. No Ano Novo, a Flórida teve sua primeira nevasca em quase três décadas. Iguanas congeladas estavam caindo das árvores. Os habitantes do Estado Ensolarado foram alertados para deixá-las em paz até que descongelassem. Dava até para imaginar Trump colocando uma foto de uma iguana congelada em seu *laptop*. O homem mais poderoso do mundo tinha provas de que a mudança climática era um boato completo. Aquela iguana fez isso por ele. Não é possível falsificar uma iguana congelada. Quando você tem de descongelar iguanas na Flórida, isso lhe diz tudo o que você precisa saber sobre o aquecimento global, talvez ele tenha pensado.

O presidente Trump parece ter visões incoerentes sobre as mudanças climáticas (e visões incoerentes sobre muitos outros assuntos também) e tende a confusões conceituais graves – por exemplo, sobre a diferença entre "clima" (o quadro mais amplo no decorrer do tempo) e "tempo" (a imagem menor e mais localizada, com toda uma série de flutuações e mudanças). Em 1º de novembro de 2011, ele tweetou: "Nevou mais de quatro polegadas no fim de semana passado na cidade de Nova York. Ainda estamos em outubro. Nada do Aquecimento Global". Na verdade, ele confundiu tanto essa questão básica que Kendra Pierre-Louis, escrevendo no *New York Times* em 28 de dezembro de 2017, achou necessário criar uma analogia em termos que ele pudesse entender. Ela escreveu:

> O tempo é quanto dinheiro você tem no bolso hoje, enquanto o clima é seu patrimônio. Um bilionário que tenha esquecido sua carteira um dia não é pobre, do mesmo modo que uma pessoa pobre que receba inesperadamente centenas de dólares não se torna rica. O que importa é o que acontece a longo prazo.

Trump em seu campo de golfe sem sua carteira ainda era o bilionário que sempre foi, e os drinques de seus amigos ainda eram pagos por ele.

Em seu artigo no *New York Times*, Pierre-Louis passou de carteiras recheadas para bonecos de neve derretidos e explicou para o presidente e outros que também eram tranquilizados pela frente fria que

> embora os cientistas do clima esperem que o mundo possa aquecer, em média, 2 a 7 graus Fahrenheit[1] até o final do século – dependendo da velocidade com que as emissões dos gases do efeito estufa aumentem –, eles não esperam que isso signifique o fim completo dos invernos. Temperaturas baixas recorde ainda ocorrerão; elas só se tornarão mais raras com o passar do tempo.

Sempre haverá bonecos de neve, ela estava dizendo; eles só serão mais raros. Mas, é claro, pode haver mais na psicologia das mudanças climáticas, e em particular na negação das mudanças climáticas, que mera conveniência política (ou financeira) e algumas confusões conceituais básicas a respeito de tempo e clima, incluindo a personalidade. O presidente Trump, é claro, tem uma personalidade muito distinta. Muitos já comentaram isso. Na verdade, tão distinta que 60 mil profissionais de saúde mental, entre eles membros proeminentes da American Psychological Association, romperam a tradição (e as regras éticas que governam sua profissão) para dar um diagnóstico clínico do presidente. Ele claramente parece ser muito egocêntrico e narcisista, um homem que rotineiramente tenta obter vantagens pessoais na micropolítica das interações cotidianas. Ele até mesmo conseguiu transformar o aperto de mãos – um símbolo universal de igualdade e cooperação que data pelo menos da Grécia Antiga – em algo competitivo para benefício próprio. Seu aperto de mão ao estilo "agarrar e puxar" pegou muitas pessoas de surpresa (Beattie, 2016). Mas ele não é só um egocêntrico narcisista, extremamente sensível a qualquer crítica ou desprezo aparente, que tenta obter uma vantagem em todos os aspectos da vida; ele também é sem sombra de dúvida um otimista, como são muitos empreendedores bem-sucedidos (ver Beattie, 2017). De fato, Crane e Crane (2007) identificaram "otimismo" e "ética de trabalho" como as duas características mais

1 O mesmo que -16,67 °C a -13,88 °C [N.T.].

importantes que distinguem os empreendedores bem-sucedidos. Das duas, o otimismo era o mais importante. Os otimistas tendem a olhar para o lado brilhante da vida, mas de um ponto de vista psicológico, a coisa mais importante sobre os otimistas é que eles assumem o crédito pelas coisas boas que acontecem a eles em sua vida, mas não se responsabilizam pelas coisas ruins que ocorrem. Eles parecem pensar intuitivamente que as coisas negativas da vida tendem a ser o resultado de muitos fatores (outras pessoas, a situação, a hora do dia, a economia) e atribuem a responsabilidade de acordo com isso. Eles não são tão analíticos, ou reflexivos, quando se trata dos eventos positivos que encontram ("É claro que o projeto foi um sucesso. Eu era o responsável!"). Eles acham que as coisas boas estão bem ali virando a esquina e, como consequência, tendem a ser muito resilientes. Os otimistas dão a volta por cima depois do fracasso. Podemos lembrar que Trump se declarou falido quatro vezes antes de atingir o *status* de bilionário.

Tudo isso parece muito positivo, e Martin Seligman, em *Felicidade autêntica*, argumentou que o otimismo é muito importante para a saúde e o bem-estar. Mas sempre existe o perigo de ser abertamente otimista, de pensar ingenuamente que tudo vai dar certo no final, de não ver os sinais de alerta da economia, do terrorismo mundial ou das mudanças climáticas, como a escritora estadunidense Barbara Ehrenreich observou em seu livro *Smile or Die: How Positive Thinking Fooled America and the World* (*Sorria ou morra: como o pensamento positivo enganou os Estados Unidos e o mundo*). Este otimismo exagerado pode muito bem influenciar a maneira como Donald Trump processa as informações, como veremos no Capítulo 4, e é especialmente importante para o modo como ele pode processar e lidar com as más notícias, como o consenso científico sobre as mudanças climáticas. Ao analisar as pessoas com disposição otimista (como Donald Trump), podemos aprender muito sobre o papel dos desvios cognitivos no desenvolvimento da visão das pessoas a respeito das mudanças climáticas.

Já mencionamos a aparente oscilação de Trump em relação às mudanças climáticas, mas é um tipo particular de oscilação com dois pontos de vista mutuamente contraditórios mantidos com força e convicção aparentemente iguais. Mas qual declaração ou ação representa a atitude real subjacente diante das mudanças climáticas e qual foi dita pelo efeito político? Terá sido o ataque dele a Obama no caso da carta pró-mudanças climáticas ao *New York Times*? Será que bem no fundo ele acredita nas mudanças climáticas? Ou chamar as mudanças climáticas de "boato" é uma indicação de sua crença genuína? Será que podemos, de fato, distinguir atitudes expressas e mantidas conscientemente de algo que é mais profundo, como atitudes implícitas e inconscientes que não estão prontamente disponíveis à introspecção? Será que existem realmente atitudes implícitas subjacentes? E, se existirem, como podemos medi-las? Qual a importância delas para os discursos sobre mudanças climáticas e para nosso comportamento cotidiano?

Algumas dessas considerações podem nos ajudar a revelar e explicar aspectos da psicologia das mudanças climáticas e desse curioso estado de coisas em que os grandes cientistas do clima do mundo estão se agitando e alertando sobre um apocalipse que se aproxima enquanto grandes parcelas da população permanecem calmas, relaxadas e animadas em seu pensamento e sua atitude.

Donald Trump é um presidente um pouco estranho e, algum dia, certamente vamos olhar para trás e pensar como a transformação dele na pessoa mais importante do planeta pôde acontecer. Mas ele é um presidente estranho em um momento crucial e perigoso para nós, em termos de eventos mundiais (Coreia do Norte, Irã, Israel, Rússia) e também de mudanças climáticas. Ele fica repetindo as mesmas mensagens sem parar – "Crooked Hillary" (Hillary é uma fraude), "Lock Her Up" (Prendam-na), "Fake News", "Hoax Total" (completo boato) – com base na proposição simples da publicidade de repetição, repetição, repetição. E (para dizer a pura verdade), algumas vezes é difícil não olhar para uma imagem de Hillary Clinton sem que a repetidamente associada palavra "crooked" (fraude) venha à nossa mente. Isso também pode acontecer no futuro com "mudanças climáticas" e "boato". Essa é uma grande preocupação.

Podemos aprender muito com Donald Trump sobre atitudes expressas e atitudes implícitas, sobre confusões conceituais, sobre desvios cognitivos, sobre otimismo exagerado, sobre redes associativas que operam abaixo do nível da consciência, sobre repetição e a mente, sobre o papel das imagens no pensamento, sobre comunicação e pensamentos em conflito, sobre falhas psicológicas que precisamos corrigir. É por isso que usamos Donald Trump como um gancho para este pequeno livro sobre a psicologia das mudanças climáticas. Um gancho, afinal de contas, é uma imagem vívida e, em nossa opinião, preferível a uma iguana morta, pelo menos em termos de seu efeito.

MUNDOS SEPARADOS

O presidente Trump é também um bom marcador de livro – um lembrete de que nem todos pensamos igual quando se trata das mudanças climáticas. Existe claramente uma grande divisão entre os cientistas e o público em geral a respeito das mudanças climáticas, como já vimos. Mas existe uma divisão igualmente significativa no próprio público, entre os que acreditam e os que não, entre republicanos e democratas, entre determinados partidos políticos no Reino Unido, entre a imprensa de direita e a de esquerda, e entre Donald Trump e Al Gore, os dois grandes ícones de cada lado do debate sobre mudanças climáticas. É preciso dizer que Trump e Gore usaram ambos uma linguagem inapropriada para construir o consenso e a compreensão entre o público. Os tuítes de Trump falam por si mesmos, é claro. Infelizmente, Al Gore tem usado uma linguagem igualmente inflamatória. Em uma entrevista à *Rolling Stone*, em 2011, o ex-vice-presidente disse: "Em um canto do ringue estão a Ciência e a Razão. No outro canto: Poluidores Venenosos e Ideologias de Direita". Não é esse o tipo de linguagem de que precisamos para criar uma ponte que atravesse essa divisão cultural e promova um entendimento compartilhado.

Existem claramente crenças religiosas, políticas e culturais profundas que dividem os dois grupos. Não é *apenas* uma questão de ciência e de conhecimento científico. Isso foi recentemente expresso por Steven Pinker em conversa com Bill Gates, dizendo:

> Um dos maiores inimigos da razão é o tribalismo. Quando as pessoas defendem uma ideologia, elas absorvem as evidências que apoiam suas ideias preconcebidas e filtram as evidências que são contrárias a elas. Ao contrário da crença da maioria dos cientistas

> de que a negação das mudanças climáticas é um efeito do analfabetismo científico, ela não está correlacionada com o conhecimento científico. As pessoas que acreditam que as mudanças climáticas são causadas pelo homem não sabem mais sobre o clima ou a ciência que aquelas que negam essas mudanças. Essa correlação é quase perfeita com a orientação política para a esquerda ou a direita. E um movimento para uma maior racionalidade as dissociaria e permitiria que as evidências informassem quais deveriam ser as políticas ideais. (Relatado no *New York Times* em 27 de janeiro de 2018)

As estatísticas a respeito dessa divisão alimentada por posições ideológicas são chocantes. Andrew Hoffman, em seu livro *How Culture Shapes the Climate Change Debate* (Como a cultura molda o debate sobre as mudanças climáticas), relata que, em 1997, 47% dos republicanos e 46% dos democratas pensavam que as mudanças climáticas já estavam acontecendo, em outras palavras, percentuais praticamente idênticos. Em 2008, os números mudaram drasticamente, com menos republicanos mantendo essa opinião (41%), mas com muito mais democratas que anteriormente expressando essa posição (76%). Em 2013, os números estavam ainda mais distantes: 50% e 88%, respectivamente. Hoffman diz que a causa dessa polarização com bases ideológicas depois de 1997 foi o Protocolo de Quioto, que foi o primeiro acordo internacional para reduzir as emissões de gases do efeito estufa a ser apoiado pela administração Clinton. A atenção da mídia para com as implicações políticas e econômicas das mudanças climáticas aumentou drasticamente nos anos seguintes. McCright e Dunlap (2011) relataram que houve 166 documentos criticando a ciência das mudanças climáticas apenas em 1997. Cento e sete livros negando as mudanças climáticas foram publicados entre 1989 e 2010. A maioria deles, segundo Hoffman, estava ligada a *think tanks* e, de modo revelador, 90% não passaram por um processo de revisão por pares (a própria base da ciência).

O livro de Hoffman nos lembra da complexidade de toda essa questão e de como os fatores econômicos (e políticos) e a psicologia estão intimamente conectados, e que a psicologia, é claro, faz parte do mundo e não está separada dele. O Protocolo de Kyoto para reduzir as emissões de gases do efeito estufa teve grandes implicações para o setor de energia e a indústria nos Estados Unidos, e foi montada uma campanha contra ele. Isso nos leva a águas lamacentas onde nadaremos no Capítulo 6, quando consideraremos como a ciência que liga o tabagismo e o câncer e a ciência que liga a atividade humana e as mudanças climáticas foram transformadas em "debates científicos", o que permitiu que as duas perspectivas florescessem e ficassem literalmente em mundos separados.

3

NOSSOS EUS RACIONAL E IRRACIONAL

RESPOSTAS AUTOMÁTICAS VERSUS RACIONAIS

A ciência indica algumas conclusões inescapáveis no caso das mudanças climáticas, mas uma grande proporção da população parece não aceitar essas conclusões, nem agir de acordo com elas. Então, qual é a psicologia por trás disso? Podemos ler a mente das pessoas para descobrir o que está havendo? Queremos argumentar que isso é muito mais difícil do que poderia parecer a princípio porque os seres humanos realmente não têm uma mente – eles têm duas! A psicologia sugere que as pessoas têm dois sistemas cognitivos distintos, cada um deles com suas propriedades e seu modo de operação. Um desses sistemas é consciente (o que pensamos como nossa "mente", ou nossa "ideia", em expressões como "Eu mudei de ideia"). O outro sistema não é consciente nem está aberto à introspecção; ele está oculto, mas é extremamente importante ao guiar nossas ações. Daniel Kahneman (2011), ganhador do Prêmio Nobel, chama esses sistemas de "sistema 1" (o sistema rápido, automático e, em grande medida, inconsciente) e "sistema 2" (o sistema mais lento, mais deliberado e reflexivo). Esse pode ser o motivo pelo qual tantas iniciativas (como a rotulagem de carbono) falharam. Elas fizeram uma suposição básica errada sobre os seres humanos: elas supuseram que as pessoas conheciam suas mentes e não perceberam que havia outro processo em ação.

Tomemos um exemplo muito simples (extraído do livro de Kahneman): imagine que está olhando para um rosto raivoso – tão rápido quanto você reconhece o gênero da pessoa ou a cor do cabelo dela, você decodifica a expressão facial. Esse é o pensamento do sistema 1 – é automático, inconsciente e rápido. Dirigir por uma estrada tranquila, responder a uma mensagem simples, reconhecer um anúncio são todos exemplos do sistema 1 em operação. Uma tarefa de multiplicação, por outro lado, é muito mais lenta e deliberada; exige esforço e é consciente. Experimente multiplicar 13 por 87 e você verá o que queremos dizer. Esse é o pensamento do sistema 2 na terminologia de Kahneman, como procurar um amigo em uma multidão, estacionar com cuidado etc. Na vida cotidiana, o sistema 1 está sempre ativo, lidando com muitos dos aspectos rotineiros da vida cotidiana (incluindo a decodificação da expressão emocional). Kahneman caracteriza o sistema 1 como um "*workaholic*" e o sistema 2 como, às vezes, um pouco preguiçoso ("duro . . . mas não injusto", segundo Kahneman, 2011, p. 46).

O sistema 1 geralmente se apressa em tirar conclusões, mas o sistema 2 nem sempre verifica a validade delas, mesmo quando seria fácil fazer isso. O exemplo bem conhecido que ele dá é: "um bastão e uma bola custam uma libra e 10 centavos, o bastão custa uma libra a mais que a bola. Quanto custa a bola?". Oitenta por cento dos estudantes universitários dizem 10 centavos. Isso parece certo, mas está errado. A resposta correta, é claro, é 5 centavos. O sistema 2 muitas vezes apoia o que parece correto sem ter o trabalho de verificar.

Os dois sistemas trabalham com princípios diferentes. O sistema 1 funciona com o princípio de ativação associativa:

> ideias que foram evocadas desencadeiam muitas outras ideias em uma cascata de atividade que se espalha no seu cérebro. A característica essencial desse conjunto complexo de eventos mentais é sua

> coerência. Cada elemento está conectado e cada um deles apoia e fortalece os outros. (Kahneman, 2011, p. 51)

O sistema 2 usa um raciocínio lógico e com propósito.

Kahneman usa o exemplo de "bananas – vômito" para mostrar como o sistema 1 funciona em termos desse padrão de atividade que se espalha. Nossas mentes automaticamente supõem uma conexão causal entre as duas palavras, produzindo uma resposta emocional dentro de nós, e alteram o estado de nossa memória para que agora tenhamos maior probabilidade de reconhecer e responder a objetos e conceitos associados a enjoo e náusea. Temos, por exemplo, maior probabilidade de completar "s-ck" como "sick" (enjoado, em inglês) em vez de "sock" (meia, em inglês) ou "suck" (sugar, em inglês) depois de sermos inconscientemente influenciados pela associação dos conceitos de "bananas" e "vômito", tudo isso por causa da "máquina" associativa do pensamento do sistema 1. Kahneman argumenta que, como seres humanos, não entendemos necessariamente as causas e as operações de nossas próprias cognições e condutas por causa dessa divisão fundamental em nossos processos cognitivos.

> Quando pensamos em nós mesmos, nos identificamos com o sistema 2, o eu consciente e racional que tem crenças, faz escolhas e decide o que pensar e o que fazer. Embora o sistema 2 acredite estar onde a ação acontece, o sistema 1 automático . . . está gerando sem esforço impressões e sentimentos que são as fontes principais das crenças explicitas e das escolhas deliberadas do sistema 2. (2011, p. 21)

A mídia usa o paradigma "bananas – vômito" todos os dias em todos os artigos, editoriais, comentários, alinhamento de imagem e texto; ele funciona com o processo de ativação disseminada. Somos assim preparados para reconhecer uma nova informação, para preencher os espaços vazios e para chegar a conclusões. "Mudanças climáticas – boato" ou, alternativamente, "mudanças climáticas – catástrofe global", como vimos no Capítulo 2, são repetidos em diversas mídias (entre elas, a conta no Twitter de Donald J. Trump) e provocam diferentes padrões de ativação disseminada. Essas associações no sistema 1 então influenciam o que apoiamos no preguiçoso sistema 2. Muitas vezes, chegamos a conclusões sem examinar as evidências por causa da ativação do sistema 1 e de suas correntes emocionais. Essa distinção entre os dois tipos de processos na cognição cotidiana pode nos ajudar a entender alguns dos vieses cognitivos a que somos claramente suscetíveis.

Paul Slovic e colegas (2002) descreveram um viés muito significativo, chamado de "afeto heurístico", no qual as pessoas permitem que seus gostos e suas rejeições determinem suas crenças a respeito do mundo. "Afeto" é usado por Slovic e seus colegas para descrever um estado de sentimento com ou sem consciência. Eles escrevem: "*As respostas afetivas* ocorrem rápida e automaticamente – observe com que velocidade você percebe os sentimentos associados com as palavras-estímulos *tesouro* ou ódio. Argumentamos que a dependência desses sentimentos pode ser caracterizada como o afeto heurístico" (2002, p. 397). Essa ideia foi discutida anteriormente por Zajonc (1980), que sugeriu que as reações afetivas são as respostas automáticas que guiam o processamento posterior de informações. Isso é essencialmente a operação do sistema 1, que, em muitos domínios, tem uma base afetiva. Como Slovic diz: "Embora a análise seja certamente importante em algumas circunstâncias de tomada de decisões, a confiança no afeto e na emoção é um modo mais rápido, fácil e eficiente de navegar em um mundo complexo, incerto e algumas vezes perigoso". A emoção, então, pode dirigir sua busca e seu processamento de informações relevantes. Em domínios em que existem muitas informações (como as mudanças climáticas), e em que não temos tempo de ler todas, sua resposta emocional pode levar você a se concentrar em determinadas informações em vez de outras. Suas atitudes emocionais em relação a exercícios (positivas!), alimentos geneticamente modificados (negativas!) ou estratégias de mitigação de mudanças climáticas (positivas!) afetam o que você executa. Sua resposta emocional então determina suas crenças a respeito de benefícios e riscos. Se você gosta de exercícios, então provavelmente acredita que os riscos são baixos e os benefícios são muito altos. Quando você está diante de informações relevantes, você as processa e lembra delas de uma maneira enviesada.

Pode-se imaginar que o sistema 2, consciente e racional, muitas vezes tenha a "capacidade de resistir à sugestão do sistema 1, desacelerar as coisas e impor a análise lógica. Autocrítica é uma das funções do sistema 2" (Kahneman, 2011, p. 103). Porém, à luz do trabalho sobre o afeto heurístico e as atitudes, Kahneman conclui

> que o sistema 2 é mais um defensor das emoções do sistema 1 que um crítico dessas emoções – um apoiador mais que um fiscal. Sua busca por informações e argumentos é, em sua maior parte, limitada a informações que sejam coerentes com as crenças existentes, não com uma intenção de examiná-las. Um sistema 1 ativo e que busque coerência sugere soluções a um sistema 2 pouco exigente. (Kahneman, 2011, pp. 103-104)

Isso se chama viés de confirmação. Buscamos informações que sustentem aquilo em que já acreditamos e que sejam coerentes com nossos sentimentos.

O trabalho de Kahneman nos oferece uma estrutura coerente para pensar sobre os vieses e como eles poderiam operar em qualquer contexto, inclusive as mudanças climáticas. Ele enfatiza a importância e a primazia de nossas respostas emocionais ao determinar nossas crenças expressas racionalmente e oferece uma perspectiva teórica sobre os processos muito diferentes que sustentam nossas cognições cotidianas. Os processos associativos da ativação disseminada são tão significativos porque são os processos usados pelo sistema 1 *workaholic*, aquele sistema inconsciente, oculto, que determina tantas de nossas crenças centrais como endossadas (mais que testadas) pelo sistema 2. Podemos gostar de pensar que somos a personificação do sistema 2, que somos esse sistema racional e reflexivo que pensa cuidadosamente sobre o mundo antes de tomar qualquer decisão, mas estaríamos totalmente errados.

O AFETO HEURÍSTICO EM OPERAÇÃO

Você não tem de procurar longe na sua própria experiência para achar algumas evidências pessoais disso. Um dos autores (o relato específico deve identificar qual deles) conta a seguinte história. É uma história sobre uma palestra a respeito dos perigos das drogas em sua juventude, mas mais que isso, é uma história sobre o afeto heurístico em ação.

> Eu era adolescente e, na época, crescia nas ruas cinzentas e úmidas da Belfast of the Troubles.[1] A vida era desconjuntada e fragmentada. Como adolescente, minha vida social era restrita às ruas nos arredores – horas infindáveis de ficar parado na "esquina". A imprensa chamava as minhas ruas de "triângulo do assassinato".
>
> Mas, é claro, percebi que havia uma vida em algum lugar lá fora melhor que essa, mas estava longe demais para vislumbrar ou tocar. O mundo do *NME*, do *News of the World* com histórias sobre os acontecimentos sórdidos dos astros do rock, de imagens de jeans enfiados em botas verdes, roupas Biba, carros rápidos. Os balanços em nosso parque local ficavam presos por correntes aos domingos para que não nos divertíssemos no Dia do Senhor.
>
> Era uma sexta-feira no meu clube de jovens local quando ele veio conversar conosco. Éramos todos garotos. Eu lembro que era um tipo engraçado de clube de jovens, e nos pediram para arrumar as cadeiras em fileiras voltadas para o orador. Houve uma introdução de abertura, depois uma apresentação de *slides* com imagens de pílulas e plantas, um glossário de termos, alguns dos quais eu já tinha ouvido antes e muitos que nunca ouvira: anfetamina, *speed*, bolinhas, bifetamina, *dexies*, metanfetamina, ácido, *black beauties*, LSD, *purple haze*, *yellow sunshine*, gota, pingo, doce, marijuana, baseado, erva, cocaína, coca, *Californian cornflakes*.

1 "The Troubles" foi um conflito na Irlanda do Norte no final do século XX que aconteceu entre os católicos nacionalistas e os protestantes unicionistas, que queriam que a Irlanda permanecesse no Reino Unido [N.T.].

Eu fiquei cativado desde o *slide* de abertura. Era como se as drogas estivessem saltando dos *slides*, com aparência quase tridimensional. Acho que nem pisquei para não correr o risco de perder alguma coisa. Coisas estavam sendo reveladas para mim, para todos nós; éramos todos virgens em drogas e na cultura pop. Tive uma série de choques angustiantes de reconhecimento e clareza. "Purple haze, all in my brain" não era uma música sobre poluição e congestionamentos de trânsito, e o modo como a iluminação pública pode pregar peças estranhas na sua visão quando o estaleiro está fechando e as ruas estão lotadas.

Eu estava envolvido. Envolvido pelo *glamour* e pelo brilho, envolvido pelos termos, com suas conotações implícitas de algo melhor – *black beauties* (beldades negras), *yellow sunshine* (pôr-do-sol amarelo), *Californian cornflakes* (cereais da Califórnia). Envolvido em encontrar uma saída de um mundo em que os balanços nunca se mexiam em um domingo. E quando os *slides* mostraram de perto as bifetaminas, eu percebi que meu armário de banheiro enferrujado com a porta de vidro bamba e preso à parede da nossa cozinha (porque não tínhamos um banheiro interno) estava cheio de drogas, cheio de bifetamina, que minha mãe usava como remédio para emagrecer. Naquela noite, meus amigos e eu usamos drogas pela primeira vez e tagarelamos do lado de fora da loja de *fish and chips* durante horas. Provavelmente não foi tão divertido, mas todos nós nos sentíamos diferentes e separados das outras pessoas, mais fortes de uma maneira um tanto curiosa.

É claro que essa é apenas uma história, um único estudo de caso sobre a juventude descontente de Belfast em uma noite chuvosa de sexta-feira há muito tempo, mas isso talvez nos lembre do desafio enfrentado pelas campanhas de mudança de comportamento. Se você errar, você pode errar muito feio. Você pode realmente deixar as coisas piores do que se não tivesse feito nada. O orador daquela noite, com seus *slides* e sua falação, não tinha uma compreensão clara de nossa vida, nem de nossa situação social. Quando você se comunica, é preciso ter um modelo claro do público, de seu estado mental, de suas necessidades e suas aspirações. Ele não tinha esse modelo. Você tem de conseguir ler as mentes dos outros. Ele não podia. Você também precisa da abordagem correta. Ele usou uma abordagem cognitiva e racional e explicou pacientemente que as drogas eram perigosas. Mas isso significava muito pouco para nós. Ir comprar leite era perigoso onde morávamos. Dizer que as drogas afetavam a bioquímica do cérebro também não nos impactou; uma noite do lado de fora da loja de *fish and chips* ouvindo os sons de tiros e depois de explosão dos escapamentos dos carros mexia com a bioquímica do cérebro. Todos sabíamos disso. Todos tínhamos amigos que tinham surtado depois de horas passadas na esquina sem fazer nada. Nenhum deles precisou de drogas para ajudá-los nisso. E o apresentador subestimou a grande atração emocional que as drogas tinham para nós, garotos da esquina, as conotações emocionais, moda, rebelião, a vida em suas próprias mãos e não nas mãos dos outros, vivendo perigosamente porque você queria, não porque os outros queriam.

Essa grande atração emocional influenciou o que eu notei e lembrei da mensagem. "Não é mais perigoso que um fim de semana com atividades ao ar livre", disse ele sobre as pílulas para emagrecer. Foi nisso que me concentrei naquela noite, e é isso que eu lembro depois de todos esses anos. A emoção guia a cognição. O sistema 1, com os marcadores emocionais associados, guia e dirige o sistema 2. Ele afetou o que ouvi, o que lembrei e o que repeti para meus amigos ("Não é mais perigoso que um fim de semana com atividades ao ar livre", expliquei infindavelmente). É engraçado, mas isso é o que todos nós lembramos.

OS SISTEMAS EMOCIONAL E CONCEITUAL

Antonio Damasio relatou que, nas pessoas normais, a ativação do sistema emocional precede a ativação de qualquer sistema conceitual ou de raciocínio e, talvez igualmente importante, que os dois sistemas são separados. Ele demonstrou isso com um experimento muito simples de aposta (Bechara et al., 1997). Na frente do participante há quatro baralhos. O participante tem em mãos 2 mil dólares para jogar. A tarefa é virar uma carta por vez para ganhar o máximo de dinheiro; com cada carta, o participante ganha ou perde algum dinheiro. No caso de dois dos baralhos, as recompensas são altas (100 dólares), mas as penalidades também. Se você jogar com um desses dois baralhos por algum tempo, vai acabar perdendo dinheiro. Por outro lado, se você se concentrar em escolher cartas dos outros dois baralhos, você ganha recompensas menores (50 dólares), mas também perde muito menos, e acaba ganhando dinheiro no decorrer do jogo. Mas o participante não sabe desses fatores de "recompensa/penalidade" no início do jogo.

O que Damasio descobriu com as pessoas que participaram desse jogo foi que, depois de ter algumas perdas, os participantes normais geravam respostas de condutividade da pele (um sinal de ativação autonômica) antes de selecionar uma carta do "baralho ruim" e também começavam a evitar os baralhos associados com maiores perdas. Em outras palavras, eles mostraram uma resposta emocional distinta para os baralhos ruins, mesmo antes de terem uma compreensão conceitual da natureza dos baralhos e muito antes de poderem explicar o que estava acontecendo. Eles começaram a evitar os baralhos ruins com base na resposta emocional.

Damasio também descobriu que pacientes com danos em uma área específica do cérebro chamada córtex pré-frontal ventromedial não conseguiam gerar uma resposta de condutividade na pele antes de escolher cartas do baralho ruim nem evitavam os baralhos com grandes perdas. Os pacientes com danos nessa parte do cérebro não conseguiam gerar a resposta de condutividade de pele de antecipação nem conseguiam evitar os baralhos ruins, mesmo que entendessem conceitualmente a diferença na natureza dos baralhos diante deles. Nas palavras dos autores, "Os pacientes não conseguiam agir segundo seu conhecimento conceitual correto". Em outras palavras, Damasio e seus colegas demonstraram que "em indivíduos normais, vieses não conscientes guiam o comportamento antes que o conhecimento consciente o faça. Sem a ajuda desses vieses, o conhecimento consciente pode ser insuficiente para garantir um comportamento vantajoso". Nas pessoas normais, a ativação do sistema emocional precede a ativação do sistema conceitual, e agora sabemos que a conexão neural entre esses dois sistemas está localizada no córtex pré-frontal ventromedial.

VIESES SOCIAIS E MUDANÇAS CLIMÁTICAS

Mas existem outros vieses além do afeto heurístico e do viés de confirmação. Ross (1977) considerou como as pessoas raciocinavam sobre seus mundos sociais. Será que as pessoas são bons psicólogos intuitivos, como muitos de nós gostamos de pensar, considerando cuidadosamente os dados comportamentais da vida cotidiana e os antecedentes da ação para chegar a conclusões sobre por que elas (e os outros) se comportam de determinado modo? A resposta foi que podemos pensar em nós mesmos como agentes racionais e bons observadores das pessoas, com análises e reflexão aguçadas, mas na realidade estamos sujeitos a toda uma série de vieses que afetam o que vemos, como o interpretamos e as conclusões que extraímos. Por exemplo, tendemos a ver nosso próprio comportamento como apropriado em qualquer situação social e vemos comportamentos *diferentes* do nosso como inapropriados e mais indicativos da disposição subjacente. Nós supomos que ele nos diz mais sobre a outra pessoa. Muitas vezes sofremos de um falso efeito de consenso, acreditando que nosso próprio comportamento é mais comum do que realmente é, e que a maioria das pessoas compartilha nossa visão de mundo, nossas atitudes, nossas preferências e até mesmo nossos estados emocionais. Por exemplo, as pessoas que sofrem de depressão supõem que 55,1% das pessoas geralmente sofrem de depressão (Ross, 1977). "Ponha mais dinheiro em saúde mental", dizem elas, "é uma epidemia". Aqueles que não sofrem de depressão estimam que apenas 39,2% sofrem de depressão. "É ruim", dizem eles, "mas não é tão ruim".

Ross nunca considerou as mudanças climáticas, mas considerou as crenças na possibilidade da ocorrência de uma guerra nuclear. Aqueles que acreditavam que a guerra nuclear era inevitável avaliaram que 58,8% das pessoas geralmente pensavam que ela ocorreria. Aqueles que não pensavam que ela ocorreria estimavam que 31,2% das pessoas acreditavam que ela aconteceria. O efeito do falso consenso amplia o medo da guerra nuclear, ou a complacência em relação a ela, dependendo de seu ponto de vista. Se você acredita que uma guerra nuclear é inevitável, e pensa que a maior parte das pessoas também pensa assim, isso pode mobilizá-lo na direção de certas ações, das quais nem todas são benignas.

O mesmo ocorre em relação às mudanças climáticas. Existem pessoas que acreditam em mudanças climáticas ("Todos sabem que estamos indo para uma catástrofe") e aquelas que as negam ("Por que tanto drama? Existe um pequeno grupo de pessoas que faz campanhas politicamente motivadas para suas próprias metas"). Os dois grupos, então, fazem julgamentos mais extremos e confiantes sobre as disposições dos "outros" [os que acreditam são percebidos como "democratas (nos EUA), ambientalistas de esquerda, agitadores de esquerda, possivelmente socialistas, certamente anticapitalistas"; os que negam são percebidos como "republicanos (nos EUA), de direita, conservadores, anticientíficos e doutrinadores de valores religiosos], e você pode ver como isso pode ocorrer com as mudanças climáticas, bem como com tudo o mais. Não há apenas uma quebra nas crenças, mas uma quebra alimentada por um consenso falso e um pensamento mais extremo sobre o "outro".

Levinston e Walker (2012) pediram a mais de 5 mil australianos que descrevessem sua própria opinião sobre as mudanças climáticas usando diversas categorias (incluindo "não sei", "não está acontecendo", "uma ocorrência natural" e "induzidas pelos seres humanos"). Eles também pediram que os australianos estimassem qual proporção da população cairia em cada uma dessas categorias. Eles descobriram que mais de 90% dos participantes acreditavam que as mudanças climáticas estavam acontecendo e um pouco mais da metade (50,4%) aceitava que os seres humanos eram os responsáveis. Apenas 5% relataram que "não estava acontecendo". Eles também descobriram evidências claras de falsos efeitos de consenso com todos os grupos superestimando a proporção de pessoas que compartilhavam sua visão. Aqueles que não achavam que o clima estava mudando estimaram que mais de 40% dos australianos compartilhavam dessa visão!

Então, de onde vem esse falso efeito de consenso? O falso efeito de consenso é uma forma de viés social vinculado a outros vieses cognitivos e motivacionais. Em primeiro lugar, isso vem da amostra necessariamente enviesada de nossas experiências sociais pessoais. Ross argumenta que tendemos a conviver com pessoas que compartilham de opiniões similares às nossas e, portanto, não fazemos amostragem de comportamentos, crenças ou atitudes representativos para chegar a uma conclusão precisa.

Quando nos pedem para pensar no quanto um comportamento ou crença é comum, nós nos apoiamos nos dados sociais que vêm rapidamente à mente, quer seja o que nossos amigos disseram sobre as mudanças climáticas ou as imagens que eles compartilharam conosco em mídias sociais (uma iguana congelada *versus* um urso polar perdido, por exemplo). Isso também afeta nossas avaliações sobre risco e nossa percepção de que as mudanças climáticas são muito arriscadas ou então um completo boato. Tversky e Kahneman (1973) chamaram isso de "disponibilidade heurística"; nós baseamos os julgamentos sobre as probabilidades e os riscos nos dados que são mais fáceis de lembrar. As imagens vívidas nas mídias sociais têm um efeito poderoso sobre nosso julgamento (isso supera as informações estatísticas probabilísticas em relatórios científicos ou nas mídias). Em segundo lugar, existe muita ambiguidade na vida social cotidiana, o que permite interpretações diferentes dependendo de nosso conhecimento, nossas atitudes e nossas crenças subjacentes. Existe um grau de "escolha a dedo" das evidências que sustentam nossas crenças subjacentes por meio do viés de confirmação. George Marshall, em seu livro *Don't Even Think About It* (*Nem pense nisso*), diz que isso opera em todos os níveis, mesmo em termos da percepção do próprio tempo. Ele escreveu:

> Quando perguntadas sobre o tempo recente em sua própria área, as pessoas que já estão dispostas a acreditar nas mudanças climáticas tenderão a dizer que tem sido mais quente. As pessoas que não estão convencidas sobre as mudanças climáticas dirão que tem sido mais frio. Fazendeiros em Illinois, convidados a relatar suas experiências recentes com o tempo, enfatizaram ou subestimaram os eventos extremos dependendo de aceitarem ou não as mudanças climáticas. (2014, p. 15)

Assim, o mesmo padrão básico de tempo pode ser usado para sustentar uma opinião ou a opinião oposta com manipulação dos dados e dos (muitas vezes implícitos) dados de comparação ("mais frio" ou "mais quente" são, afinal de contas, termos comparativos). Em terceiro lugar, Ross argumenta que o viés de consenso falso é uma forma de defesa do ego. Nós nos protegemos (e justificamos nossas ações e nossas crenças) ao superestimar o quanto nossos próprios comportamentos e atitudes característicos são comuns. Comportamentos diferentes dos nossos são percebidos como "incomuns, desviantes e inadequados", e são muito mais reveladores de uma disposição subjacente.

Deveria estar mais claro agora como uma descrição dos sistemas de cognição subjacentes, conforme esboçado por Kahneman, pode nos ajudar a entender a natureza dos vieses cognitivos quando se trata de mudanças climáticas. Podemos pensar em nós mesmos como criaturas racionais, que refletem sobre informações para chegar a conclusões, mas precisamos nos lembrar do sistema 1 *workaholic* (e oculto) trabalhando arduamente, nos oferecendo impressões emocionalmente carregadas para nos permitir chegar rapidamente a decisões e desviando do pensamento racional. Lembre-se do que Kahneman disse sobre o sistema 2: ele é um "endossante", não um "fiscal". Então, manipulamos as informações para justificar nossas ações (se precisarmos) enquanto o viés de confirmação assume. Você também pode ver como esses sistemas contribuem para o *conflito* sobre as mudanças climáticas. Não somos bons psicólogos intuitivos; não fazemos amostragem dos dados; nós nos misturamos como pessoas semelhantes a nós – pessoas que compartilham nossa visão do mundo. Terminamos com um falso consenso. Nós não estamos apenas certos; somos a maioria moral; somos a norma, e não há nada de estranho ou distinto em nós (apenas naqueles que discordam).

Mas existe outro viés muito significativo quando se trata das mudanças climáticas, e que pode ser especialmente relevante para nossa falta de ação para remediar essa questão, e esse é o "viés de otimismo". Como continuamos tão animados à luz dessa ameaça existencial? Como as pessoas (em sua maioria) permanecem tão otimistas à luz de toda essa evidência científica? Queremos entender os processos que podem sustentar esse viés. Assim, apresentamos os argumentos científicos sobre as mudanças climáticas (e os contra-argumentos) para as pessoas e analisamos a fixação do olhar delas de um milissegundo para outro. Precisamos dizer que os resultados foram muito reveladores.

4

NÃO VEJA O MAL: COMO PERMANECEMOS TÃO OTIMISTAS?

As informações sobre a ciência das mudanças climáticas estão prontamente disponíveis e foram reproduzidas de modo infindável em jornais, TV e filmes. Mas isso não é uma boa notícia. Isso é muito ameaçador e negativo, afetando diretamente o estado emocional e o estado de espírito (Beattie, 2011; Beattie, Sale & McGuire, 2011). Mas o que acontece se as pessoas evitam ver essas informações? E o que queremos dizer aqui é se desligar automaticamente, em vez de (digamos) não comprar um ingresso de cinema para assistir a *Uma verdade inconveniente*. O que acontece se as pessoas derem atenção, em vez disso, a argumentos *contrários* às mudanças climáticas (que, por definição, apresentam uma imagem muito mais cor-de-rosa do presente e do futuro – "existem na verdade dúvidas significativas sobre as mudanças climáticas antropogênicas, e seu estilo de vida atual é totalmente aceitável")?

Existem evidências de outros domínios que sugerem que algumas pessoas têm um viés tanto para processar quanto para explicar informações positivas e negativas, e que esse viés está ligado à "disposição para o otimismo". A disposição para o otimismo "se refere a expectativas generalizadas de que coisas boas, em vez de coisas ruins, vão acontecer; o pessimismo se refere à tendência de esperar resultados negativos no futuro" (Taylor, 1998). Seligman (2002) argumentou que otimistas e pessimistas diferem em termos de uma característica psicológica básica – ou seja, o estilo atribucional, como vimos no Capítulo 2. Porém, pode haver outro fator psicológico que também distingue otimistas e pessimistas. Estilo atribucional é o raciocínio cognitivo sobre os eventos, mas o que dizer da percepção desses eventos em primeiro lugar? Será que isso também distingue otimistas e pessimistas? Isaacowitz (2006) argumentou que a disposição para o otimismo afeta os processos perceptivos básicos, e que os otimistas muito literalmente olham para o lado brilhante da vida. Ele usou um procedimento de rastreamento do olhar para investigar isso, rastreando as fixações individuais do olhar quando os participantes olhavam para imagens de câncer de pele, desenhos de linha com a mesma forma das imagens de câncer e rostos neutros. Ele selecionou imagens de câncer de pele porque elas são claramente imagens "negativas", sendo desagradáveis e gráficas. Ele descobriu que jovens adultos com alta disposição para o otimismo fixavam-se menos nessas imagens de câncer de pele que seus colegas menos otimistas (Isaacowitz, 2006, p. 68). Em outras palavras, Isaacowitz afirma que as preferências do olhar adulto "em direção ao positivo e afastando-se das imagens negativas sugerem que os padrões de olhar podem refletir uma motivação subjacente para regular as emoções e se sentir bem" (Isaacowitz, 2006, p. 69). Luo e Isaacowitz (2007) também relataram relacionamentos negativos entre a disposição para o otimismo e olhar para textos negativos e neutros sobre câncer de pele. A correlação negativa sugere que os otimistas podem ler as informações sobre um assunto negativo mais rapidamente que os pessimistas. Outra pesquisa mostrou que as diferenças individuais em estado de espírito estão associadas com um viés de atenção para determinados estímulos. Os indivíduos que sofrem de ansiedade ou depressão têm vieses de atenção na direção de informações negativas (Mathews & MacLeod, 2002). O viés de atenção para determinados estímulos afetivos parece ser motivado pela necessidade de autorregular as emoções ou de manter o estado de espírito positivo.

Portanto, segundo Isaacowitz (2006), Seligman (2002) e outros, os otimistas têm "estratégias" cognitivas distintas, envolvendo a atenção e o raciocínio atribucional, para permanecer otimistas. No nível do indivíduo, essa pode ser uma coisa muito boa, porque existem evidências de que os otimistas vivem mais e de modo mais saudável que os pessimistas (Seligman, 2002) e, consequentemente, usando uma gama de técnicas, as pessoas foram treinadas para se tornar mais otimistas. Essa é a base não apenas de muito da terapia cognitivo-comportamental, mas também de uma verdadeira *indústria* da autoajuda.

Porém, isso pode não ter sido bom para a sociedade (ou para o mundo) como um todo. Barbara Ehrenreich (2009) argumentou que esses altos níveis de otimismo "sabotaram a preparação" para lidar com ameaças reais, entre elas 11 de setembro, o estouro da bolha econômica, terrorismo mundial etc. "A verdade é que os estadunidenses trabalharam duro durante décadas para aprender as técnicas do pensamento positivo, e essas técnicas incluíam a capacidade de reflexão para deixar de lado as notícias perturbadoras" (Ehrenreich, 2009, p. 10). A crise econômica, argumenta ela, é um caso exemplar: "imaginando uma nação invulnerável e uma economia sempre crescente – não havia simplesmente nenhuma capacidade nem inclinação para imaginar o pior" (Ehrenreich, 2009, p. 11). Ehrenreich argumentou que o problema era que "otimistas profissionais dominaram o mundo dos comentários econômicos" (Ehrenreich, 2009, p. 181) e que algumas pessoas que tinham conseguido prever o desastre econômico que se aproximava "tinham sofrido pressão durante anos para melhorar sua atitude". Este é o lado ruim do otimismo: o fato de que as pessoas podem não notar os sinais de alerta que estão disponíveis e que um foco no negativo é, na verdade, um aspecto importante da sobrevivência humana.

Uma questão muito importante é se os otimistas podem estar deixando de lado alguns dos sinais cruciais das mudanças climáticas porque estão evitando vê-los. Existem algumas evidências disso. Por exemplo, os indivíduos que relataram se sentir receosos, preocupados e ansiosos em relação às mudanças climáticas tinham menor probabilidade de evitar informações sobre as mudanças climáticas e maior probabilidade de buscar essas informações (Yang & Kahlor, 2012). Beattie et al. (2010) descobriram que os participantes em um ambiente experimental às vezes se fixam logo na informação de pegada de carbono de produtos como lâmpadas de baixa energia, em que, é claro, essas informações são positivas, mas não nas informações de pegada de carbono dos produtos em que estas são mais elevadas (como detergentes).

Porém, há um estudo contrário aqui. Beattie e McGuire (2011) não encontraram evidências de um viés de atenção nos otimistas que os afastasse de imagens icônicas negativas de mudanças climáticas, quando elas eram apresentadas em uma tela de computador junto com imagens positivas da natureza e com imagens de objetos neutros. Na verdade, as imagens negativas das mudanças climáticas eram fixadas mais pelos otimistas. Porém, essas imagens icônicas de mudanças climáticas podem ter diferido de outras maneiras do restante das imagens. As imagens icônicas de mudanças climáticas, ursos polares em banquisas de gelo, Manhattan embaixo d'água, desertos ou um *tsunami* caindo sobre uma praia tropical podem ter evocado imagens de desafio e aventura em vez de um afeto negativo direto. Pode-se lembrar da imagem usada para anunciar o filme de Hollywood *O dia depois de amanhã* (2004), representando Nova York na esteira das mudanças climáticas. Afinal de contas, esse é um filme de aventura. Além disso, existe um argumento de que o otimismo é um estado psicológico valioso porque, como outras emoções positivas, ele age para "*ampliar* os repertórios de pensamento-ação momentâneos do indivíduo, preparando-o para seguir uma gama mais ampla de pensamentos e ações que o normal" (Fredrickson & Branigan, 2005). Otimistas, em nosso estudo anterior, poderiam estar se concentrando nas imagens icônicas "desafiadoras" das mudanças climáticas porque estavam interessados em ação mais divergente contra elas. Algumas imagens negativas podem representar um desafio em vez de simplesmente notícias ruins de uma maneira que as imagens do câncer de pele provavelmente não poderão.

Além disso, as imagens icônicas das mudanças climáticas são apenas um tipo de "comunicação" sobre esse fenômeno global, e nós claramente precisamos reconhecer que, apesar de sua clara "iconicidade", essas imagens têm efeitos psicológicos e emocionais complexos sobre nós (Barthes, 1957). Uma questão importante é como o nível de disposição para o otimismo se relaciona ao foco da atenção em mensagens mais substantivas das mudanças climáticas? E como a disposição para o otimismo afeta o chamado *viés de otimismo*, que tem sido relatado frequentemente na literatura psicológica e pode ser especialmente relevante para as mudanças climáticas?

VIÉS DE OTIMISMO

Segundo Tali Sharot (2011), cerca de 80% das pessoas sofrem de alguma forma de viés de otimismo em muitos aspectos da vida – aparentemente acreditamos que o casamento vai dar certo ("são só os *outros* casamentos que fracassam", dizemos), que nossos empreendimentos terão sucesso e que teremos uma vida longa e gratificante em comparação com a dos outros. Esse tipo de otimismo irrealista aparenta ser bastante difuso, afetando não só nossos relacionamentos pessoais, mas também nossas atitudes em relação a finanças, trabalho e saúde. Por exemplo, os adolescentes fumantes têm uma probabilidade 2,5 vezes maior que os não fumantes de duvidar que vão morrer por causa do fumo, mesmo se fumarem por 30 ou 40 anos; os adultos fumantes têm uma probabilidade três vezes maior de pensar assim. Quando se trata de tabagismo ou de mudanças climáticas, esse viés de otimismo pode ter consequências mortais.

O viés de otimismo foi encontrado em uma gama de questões ambientais (Gifford et al., 2009), bem como nas estimativas do risco de dano à saúde de perigos ambientais específicos, como a poluição da água (Pahl et al., 2005), e relativamente às mudanças climáticas (Gifford, 2011). Uma grande pesquisa em dezoito países demonstrou que, em relação a diversas questões ambientais, os indivíduos acreditam que estão mais seguros que os outros que moram em outros lugares no mundo e como as futuras gerações jamais estarão – em outras palavras, eles mostram um viés espacial e um viés temporal.

O viés de otimismo parece estar associado com vieses cognitivos específicos ao processar informações relevantes. Um estudo de neurociência comportamental usou ressonância magnética funcional (RMF) para medir a atividade cerebral enquanto os participantes estimavam sua probabilidade de experimentar uma gama de eventos de vida negativos, incluindo coisas como Alzheimer e furto (Sharot, 2011). Depois de cada tentativa individual, os participantes eram informados da probabilidade média de esse evento ocorrer a alguém como ele ou ela. Os pesquisadores descobriram que os participantes tinham uma probabilidade significativamente maior de mudar sua estimativa *apenas* se a nova informação era melhor que a que haviam previsto. Esse viés era refletido nos dados da RMF de que o otimismo estava relacionado com um nível reduzido de codificação neural de informações mais negativas que a informação prevista sobre o futuro na região crítica do córtex frontal (giro pré-frontal inferior direito). Eles também descobriram que os participantes com disposição para o otimismo mais alta tinham muito mais dificuldade para monitorar as novas informações *negativas* nessa região em comparação àqueles que tinham disposição para o otimismo mais baixa. Em outras palavras, o viés de otimismo deriva em parte de um fracasso em aprender sistematicamente com novas informações indesejáveis, e esse viés era mais pronunciado nas pessoas com disposição para o otimismo mais elevada.

O otimismo pode ser muito vantajoso para o indivíduo, como Seligman tem consistentemente argumentado, porque tem efeitos significativos sobre a saúde mental e física (Seligman, 2002) e foi selecionado durante a evolução (Mosing et al., 2009). Os otimistas têm vidas significativamente mais longas e têm probabilidade muito menor de morrer de parada cardíaca (Scheier et al., 1989); o otimismo também aumenta o tempo de sobrevivência depois de um diagnóstico de câncer (Schulz, 1996). Ele faz isso reduzindo o estresse e a ansiedade sobre o futuro, e os otimistas consequentemente têm um funcionamento melhor do sistema imunológico (Segerstrom et al., 1998). A crença em um futuro positivo também incentiva os indivíduos (em *alguns* domínios, especialmente aqueles sobre os quais temos algum controle) a se comportar de maneiras que podem de fato contribuir para esse futuro positivo, tornando-se assim uma profecia autorrealizadora (Sharot, 2011). Embora subestimar os futuros eventos de vida negativos possa reduzir nossos níveis de estresse e aumentar nossa longevidade, algumas vezes os eventos negativos realmente precisam ser considerados. Assim, o viés de otimismo pode ter consequências prejudiciais muito significativas, em especial em relação à desconsideração de riscos graves.

O viés de otimismo é especialmente relevante para as questões relativas às mudanças climáticas. Se subestimarmos a probabilidade de os efeitos negativos das mudanças climáticas acontecerem *conosco*, podemos ter uma tendência muito menor a nos engajar em comportamentos de mitigação ou a sacrificar muitas das coisas a que atualmente damos valor (férias no exterior, carros grandes e estilos de vida com alta pegada de carbono) para reduzir os riscos associados às mudanças climáticas. Mas como podemos obter *insight* sobre os vieses cognitivos na área das mudanças climáticas? Não podemos apresentar aos participantes dados reais de resultados (como foi feito no estudo de Sharot) para ver como eles atualizam suas próprias estimativas à luz disso, porque as consequências catastróficas das mudanças climáticas ainda estão, em grande medida, no futuro. Porém, será que a pesquisa sobre padrões enviesados de atenção pode nos dar alguns novos *insights* aqui? Afinal de contas, nos são constantemente apresentados artigos que documentam o consenso científico sobre os efeitos prováveis das mudanças climáticas, mas poderia haver vieses cognitivos no modo como lidamos com essas mensagens? Será que a evidência do foco diferencial em imagens positivas por parte dos otimistas no estudo de Isaacowitz tem alguma relevância para o modo como os indivíduos lidam com mensagens mais sérias e importantes em oposição a desenhos e imagens?

ATENÇÃO VISUAL E OTIMISMO

Essas considerações dirigiram algumas novas pesquisas realizadas pelos autores a respeito desse fenômeno (Beattie et al., 2017). Usamos um rastreador do olhar para registrar as fixações do olhar individual de um momento para o outro enquanto nossos participantes liam mensagens sobre as mudanças climáticas. Em média, lemos cerca de 330 palavras por minuto e, para atingir essa grande quantidade de processamento de informações, nós movimentamos rapidamente nossos olhos na direção da continuação do texto, entre três a cinco vezes por segundo. Nosso comportamento de movimento ocular consiste, principalmente, nos movimentos reais dos olhos (conhecidos como movimentos sacádicos) e nos períodos em que os olhos não se movem, mas ficam relativamente fixos na posição. A pesquisa mostra que muito poucas informações são processadas durante os movimentos sacádicos; que, ao contrário, é durante as fixações do olhar que o processamento cognitivo ocorre, como a identificação de palavras e o processamento semântico (em outras palavras, o processamento de significado). A duração média da fixação é de aproximadamente 200 ms a 250 ms, mas existem diversos fatores que podem influenciar a duração da fixação.

A pesquisa extensa sobre o comportamento dos movimentos oculares (Rayner et al., 2012) sugere que embora ler seja, em grande medida, um caso de processamento de informações palavra por palavra, há mais na leitura do que apenas identificar uma palavra e passar para a próxima palavra. As palavras precisam ser compreendidas dentro de seu contexto linguístico, e o leitor precisa extrair o significado das sentenças sucessivas e analisá-las juntas para processar o discurso do texto. Entender o discurso do texto pode exigir que o leitor extraia o conhecimento sobre o tópico e compreenda o que o texto está tentando exprimir. Por exemplo, o leitor precisará estabelecer o que o texto está tentando descrever ou sugerir, e julgar se acredita nas afirmações que o texto pode fazer. Esse é um processo *ativo* no qual o conhecimento anterior individual do leitor, sua perspectiva sobre a situação, seu estado de espírito, suas atitudes e suas intenções podem influenciar o modo como a mensagem do texto é percebida e processada. As variações nos tempos de fixação gerais e as fixações específicas podem nos dizer muito sobre como as pessoas processam as mensagens e quais aspectos específicos das mensagens estão recebendo mais atenção.

Em nosso estudo, usamos um texto de prática e três artigos sobre mudanças climáticas: o primeiro sobre mudanças climáticas em geral, o segundo sobre mudanças climáticas e sua relação com inundações no Reino Unido e o terceiro sobre mudanças climáticas e suas consequências para escassez de alimentos e conflito violento. Cada artigo sobre mudanças climáticas continha três argumentos a favor das mudanças climáticas (*"a favor"*) e três argumentos contra as mudanças climáticas (*"contra"*). Os argumentos "a favor" eram que as mudanças climáticas são reais, que a atividade humana é a causa das mudanças climáticas em geral e das inundações no Reino Unido, e previsões de que as mudanças climáticas causarão escassez de alimentos e conflitos. Os argumentos "contra" eram que as mudanças climáticas não estão acontecendo ou são exageradas, que elas não são causadas pela atividade humana, que as inundações no Reino Unido não são causadas pelas mudanças climáticas e que não existe vínculo entre clima e escassez de alimentos ou conflitos. Todos os argumentos foram extraídos de mídias impressas e eletrônicas (por exemplo, o *Guardian*, o site da BBC News) e de blogs online. Os argumentos "a favor" e "contra" foram editados de tal modo que era similares em contagem de palavras e frequência.

Nós também mensuramos a disposição para o otimismo usando o Life Orientation Test (teste de orientação da vida), com dez itens, que é formado de uma série de afirmações simples como "Em momentos incertos, eu geralmente espero o melhor". Uma pontuação alta nisso (por exemplo, "Concordo muito") é considerada indicação de um alto grau de otimismo. Depois, dividimos nossos participantes em dois grupos, com base em sua pontuação mediana (otimistas e não otimistas). Os caminhos de escaneamento que mostram fixações individuais (representadas pelos círculos) e os movimentos oculares (os movimentos sacádicos) de dois participantes são mostrados a seguir (ver Figura 4.1).

Os textos para os argumentos "a favor" e "contra" foram agrupados em áreas de interesse (*areas of interest*, AOI, na sigla em inglês). Três variáveis dependentes foram usadas para avaliar a atenção: contagem de fixação (número de fixações do olhar individual), duração média da fixação e tempo geral do olhar (duração total de todas as fixações dentro de uma AOI), que age como uma medida geral do tempo de leitura. Nós medimos a contagem de fixação, a duração da fixação e o tempo do olhar para argumentos "a favor" e "contra" para otimistas e não otimistas (ver Figura 4.2).

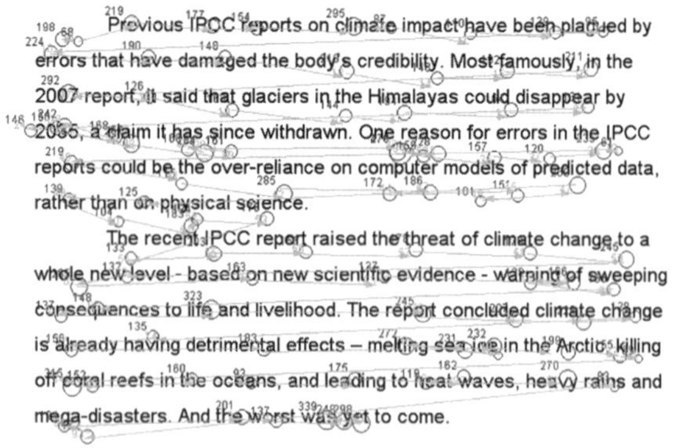

a) Otimista

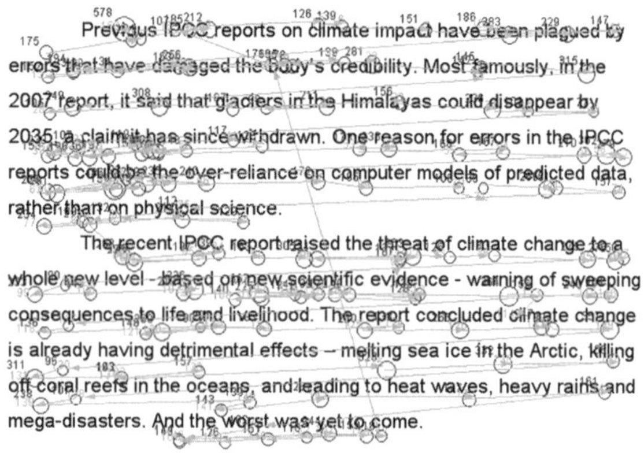

b) Não otimista

Figura 4.1 O escaneamento do caminho individual de a) um otimista e b) um não otimista enquanto eles liam os argumentos "a favor" e "contra" as mudanças climáticas.[1]

---

1 "Os relatórios anteriores do IPCC sobre o impacto do clima estavam repletos de erros que prejudicaram a credibilidade do órgão. O mais conhecido deles ocorreu no relatório de 2007, que dizia que os glaciares nos Himalaias poderiam desaparecer em 2035, uma afirmação que foi retirada depois. Um motivo para os erros nos relatórios do IPCC pode ter sido a confiança exagerada em modelos de computador de previsão de dados, em vez de se apoiar na ciência física.

Nota: os círculos representam fixações individuais em palavras; os círculos maiores representam durações de fixação mais longas. As linhas entre os círculos representam o comportamento dos movimentos sacádicos dos olhos. Neste exemplo, o primeiro parágrafo é um argumento contra as mudanças climáticas, e o segundo parágrafo é um argumento a favor das mudanças climáticas.

Os resultados desse estudo foram muito reveladores. Não encontramos nenhuma relação significativa entre o nível de disposição para o otimismo e o número de fixações nos argumentos "a favor" ou "contra" as mudanças climáticas. Porém, havia uma relação significativa entre o nível de disposição para o otimismo e a duração média da fixação para apenas os argumentos "a favor". O nível de otimismo também tinha uma correlação negativa significativa com o tempo geral médio para os argumentos "a favor" e "contra". Assim, os níveis mais elevados de disposição para o otimismo estavam associados a menos tempo gasto dando atenção ao conteúdo dos artigos sobre as mudanças climáticas independentemente do argumento específico ("a favor" ou "contra") e com períodos mais curtos de fixação nos argumentos "a favor" das mudanças climáticas, como mostrado nas Tabelas 4.1 e 4.2. Em outras palavras, os otimistas se desligam de *qualquer* mensagem sobre as mudanças climáticas (positivas ou negativas), mas eles também passam menos tempo se fixando em mensagens que argumentam a favor das mudanças climáticas.

Usamos o rastreamento do olhar aqui como uma medida do processamento online das mensagens sobre mudanças climáticas, mas como esse processamento online afetou o que as pessoas se lembravam sobre as mensagens, considerando que, em cada artigo, havia argumentos a favor e contra? Será que os otimistas (como Donald Trump, que infelizmente não

---

O recente relatório do IPCC elevou a ameaça das mudanças climáticas para um nível totalmente novo – com base em novas evidências científicas –, alertando sobre as amplas consequências para a vida e o modo de ganhar a vida. O relatório concluiu que as mudanças climáticas já estão tendo efeitos prejudiciais – derretimento do gelo no mar no Ártico, morte de recifes de corais nos oceanos, e ondas de calor, chuvas pesadas e grandes catástrofes. E o pior antes estava por vir." O mesmo texto se repete na Figura 4.2 [N.T.].

participou do nosso estudo), que têm fixações mais curtas nos argumentos a favor das mudanças climáticas, se lembram diferentemente das coisas?

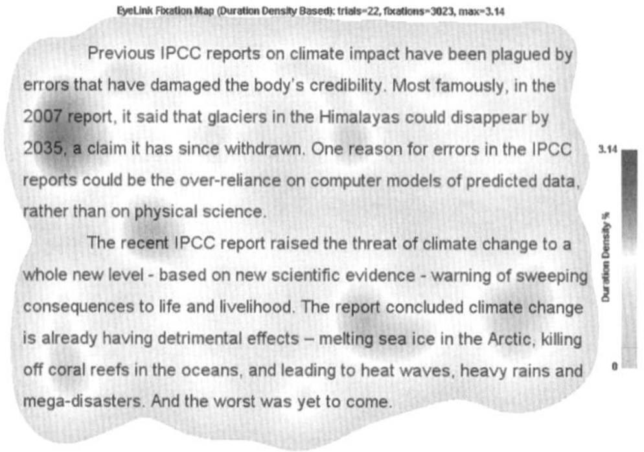

a) Otimistas[2]

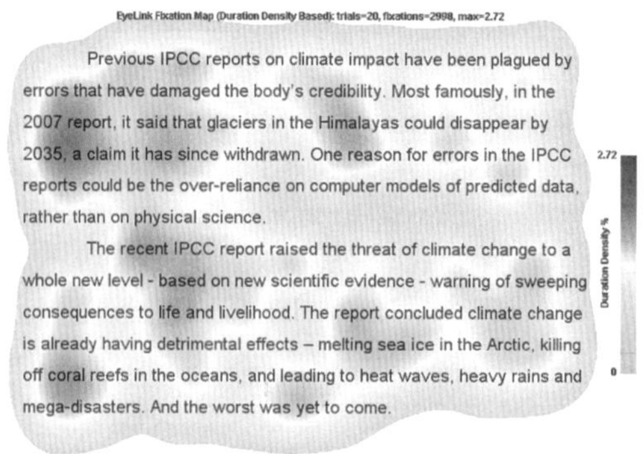

b) Não otimistas[3]

Figura 4.2 Uma análise de *hotspot* de fixações do olhar de um grupo de a) otimistas e b) não otimistas lendo argumentos "a favor" ou "contra" as mudanças climáticas.

---

2 Acima: "Mapa de fixação ocular (baseado na densidade da duração): tentativas = 22, fixações = 3.023, máx. = 3,14". Na lateral: "Densidade de duração %" [N.T].

3 Acima: "Mapa de fixação ocular (baseado na densidade da duração): tentativas = 20, fixações = 2.998, máx. = 2,72". Na lateral: "Densidade de duração %" [N.T.].

Nota: a maior intensidade representa um tempo maior nos locais fixados. Neste exemplo, o primeiro parágrafo é um argumento contra as mudanças climáticas, e o segundo parágrafo é um argumento a favor das mudanças climáticas.

Testamos isso pedindo aos participantes que resumissem os artigos. Medimos o nível geral de lembrança, que não diferiu significativamente, mas também analisamos como cada artigo lembrado foi contextualizado. Empregamos três amplas categorias para codificar como esses relatos lembrados foram contextualizados.

"A favor": o relato foi contextualizado como sendo *principalmente* sobre as evidências das mudanças climáticas (e seus efeitos gerais ou efeitos específicos sobre inundações, escassez de alimentos e conflitos etc.) e o papel da atividade humana nisso tudo.

Tabela 4.1 Argumentos **a favor** das mudanças climáticas

	Média de otimistas	*Média de não otimistas*	*Correlação entre nível de otimismo e medidas do olhar*
Contagem de fixação	69,2	74,9	–0,220
Duração média da fixação (milissegundos)	194,2	212,7	–0,327*
Tempo geral do olhar	13,3	15,9	–0,369*

* Correlações estatisticamente significativas

Tabela 4.2 Argumentos **contra** as mudanças climáticas

	Média de otimistas	*Média de não otimistas*	*Correlação entre nível de otimismo e medidas do olhar*
Contagem de fixação	67,7	74,2	–0,253
Duração média da fixação (milissegundos)	198,2	211,7	–0,232
Tempo geral do olhar (segundos)	13,3	15,9	–0,347*

* Correlação estatisticamente significativa

"Contra": o relato foi contextualizado *principalmente* em termos de não haver realmente um vínculo forte entre a atividade humana e as mudanças climáticas (ou seus efeitos específicos), ou como dúvidas sobre a própria existência das mudanças climáticas.

Debate: o relato foi contextualizado como sendo basicamente um debate entre duas posições opostas.

Descobrimos que os *não otimistas*, que tinham fixações mais longas nos argumentos "a favor" das mudanças climáticas, tinham mais tendência a contextualizar sua lembrança em termos dos argumentos *a favor* das mudanças climáticas ("este artigo é sobre o aquecimento global e como 95% dele se deve à atividade humana"). Dentre as lembranças deles, 66,7% eram contextualizadas desse modo. Os *otimistas*, por outro lado, que se fixaram significativamente menos nos argumentos "a favor" das mudanças climáticas, tinham mais tendência a contextualizá-la em termos de um debate entre duas posições opostas ("é sobre as mudanças climáticas, sobre tentar entender o que está acontecendo com o tempo, e existem diferentes pontos de vista"). Dentre as lembranças deles, 66,7% eram contextualizadas como um debate. Houve alguns resumos do conteúdo contextualizados em termos dos argumentos contra as mudanças climáticas nos dois grupos (apenas 5% do total).

A disposição para o otimismo, assim, parece afetar o processamento online das mensagens sobre as mudanças climáticas e a contextualização de como essas mensagens são lembradas. Então, nós decidimos considerar o relacionamento entre o nível da disposição para o otimismo e a extensão do viés de otimismo. Com um novo conjunto de participantes, mais uma vez medimos o nível da disposição para o otimismo e criamos um questionário simples para medir o viés de otimismo. Ele consistia em três questões amplas:

1. Qual é a probabilidade de você ser afetado pessoalmente pelas mudanças climáticas?
2. Que proporção de pessoas (vivas hoje) será afetada pelas mudanças climáticas?
3. Que proporção das gerações futuras será afetada pelas mudanças climáticas?

Os participantes tinham de escrever um número entre 0% e 100% em resposta a cada uma das perguntas. Cada uma delas tinha sete questões adicionais pedindo que os participantes avaliassem (no caso da questão 1) a probabilidade de serem afetados pessoalmente por seca severa, inundação severa, grandes ameaças à infraestrutura, escassez de alimentos, conflitos intensos, aumento da mortalidade relacionado ao calor e grande perturbação em sua vida. No caso das outras questões, eles tinham de avaliar a proporção de pessoas vivas atualmente que está sendo afetada por cada um desses problemas (pergunta 2) e, depois, a proporção das gerações futuras que será afetada por eles (pergunta 3). Havia assim 24 questões no total para avaliar o possível viés de otimismo. Dividimos os participantes em três grupos: "otimistas" (pontuação de otimismo 18-23), "otimistas em nível médio" (pontuação de otimismo 15-17) e "não otimistas" (pontuação de otimismo 8-14).

Descobrimos que o viés de otimismo é significativamente afetado pelo nível subjacente de disposição para o otimismo. Por exemplo, os *otimistas* em nosso estudo avaliaram que tinham uma probabilidade de 36,5% de ser *pessoalmente* afetados pelas mudanças climáticas, enquanto pensavam que as *outras pessoas* tinham uma probabilidade de 52,8% de ser afetadas e que 76,4% das gerações futuras seriam afetadas. No caso dos *não otimistas*, os números foram todos mais altos: 56,8% pensavam que seriam pessoalmente afetados, 68,5% pensavam que as outras pessoas seriam afetadas e 84,1% achavam que as gerações futuras seriam afetadas (ver Tabela 4.3). Até mesmo os não otimistas têm algum grau de viés de otimismo: eles achavam que tinham probabilidade menor de ser pessoalmente afetados pelas mudanças climáticas que outras pessoas em outros lugares e que outras pessoas no futuro. Mas os otimistas nesta amostra eram especialmente tranquilos (eles avaliaram que tinham cerca de uma chance em três de ser pessoalmente afetados), o que talvez seja preocupante, considerando que existe uma grande indústria de autoajuda dedicada a treinar as pessoas para que sejam *ainda mais otimistas*. Porém, às vezes um pouco de *realismo* sobre eventos e suas causas na vida cotidiana como um guia para ações futuras apropriadas é muito importante.

As pesquisas anteriores demonstraram que o viés de otimismo (superestimando a probabilidade de acontecerem eventos positivos em nossa própria vida e subestimando a probabilidade de haver eventos negativos) deriva parcialmente de um fracasso em aprender sistematicamente com as novas informações indesejáveis e que esse viés é mais pronunciado naqueles que têm disposição para o otimismo mais elevada. Outras pesquisas demonstraram que as pessoas com disposição para o otimismo têm um viés de atenção automático e inconsciente para os estímulos positivos em vez dos negativos. Nossa nova pesquisa sugere que esse viés de atenção poderia também se aplicar quando os indivíduos recebem mensagens importantes sobre as mudanças climáticas. Muitos indivíduos estão demonstrando um viés de atenção ligado à manutenção de seu estado otimista quando lhes são apresentadas mensagens sobre as mudanças climáticas. O otimismo pode muitas vezes ter efeitos positivos, porque subestimar a probabilidade dos eventos negativos futuros pode reduzir nossos níveis de estresse e ansiedade a respeito do futuro e aumentar nossa longevidade. Muitas pessoas, ao que parece, desenvolveram estratégias cognitivas baseadas no funcionamento básico cerebral que lhes permitem permanecer otimistas apesar de evidências em contrário. O problema, porém, é que alguns eventos realmente precisam ser considerados, e o viés de otimismo pode ter muitas consequências negativas importantes, particularmente em relação a não considerar riscos graves. As mudanças climáticas representam um desses riscos.

É claro que essa pesquisa sobre os vieses cognitivos, e especialmente sobre o viés de otimismo, tem diversas implicações gerais. Não podemos supor que o público esteja lidando com mensagens sobre as mudanças climáticas da mesma maneira (independentemente da credibilidade da fonte). As mensagens subjacentes podem não estar recebendo atenção por causa de um viés cognitivo inerente projetado para manter o estado emocional e, é claro, um viés muito intenso moldado pela evolução. A pesquisa talvez sugira que devemos considerar esse viés ao planejar nossas estratégias de comunicação sobre as mudanças climáticas. Pode não ser suficiente simplesmente publicar as evidências científicas sobre as mudanças climáticas sem contextualizá-las de uma maneira mais otimista para destacar os aspectos positivos das estratégias de mitigação. Um contexto geral mais positivo sobre soluções positivas possíveis deveria aumentar os sentimentos de autoeficácia e a atenção visual para a mensagem subjacente. Sem isso, temos o grave perigo de que muitos lidem seletivamente com as informações e, em última instância, demonstrem pouca adaptação comportamental ou preocupação.

Tabela 4.3 Estimativas médias de participantes com variados níveis de disposição para o otimismo para a questão 1

Questão 1	*Otimistas*	*Nível médio de otimismo*	*Não otimistas*
Q1.1: Qual é a probabilidade de você ser afetado pessoalmente pelas mudanças climáticas?	36,5	51,3	56,8
Q1.2: Qual é a probabilidade de você ser afetado pessoalmente por seca severa por causa das mudanças climáticas?	10,3	18,1	29,4
Q1.3: Qual é a probabilidade de você ser afetado pessoalmente por inundações severas por causa das mudanças climáticas?	18,2	22,6	38,8
Q1.4: Qual é a probabilidade de você ser afetado pessoalmente pelas grandes ameaças à infraestrutura por causa das mudanças climáticas?	18,6	24,3	29,1
Q1.5: Qual é a probabilidade de você ser afetado pessoalmente por escassez de alimentos por causa das mudanças climáticas?	19,9	25,4	27,9
Q1.6: Qual é a probabilidade de você ser afetado pessoalmente por grandes conflitos por recursos naturais por causa das mudanças climáticas?	19,8	31,8	35,4
Q1.7: Qual é a probabilidade de você ser afetado pessoalmente por aumento de mortalidade relacionada ao calor por causa das mudanças climáticas?	13,9	19,0	38,4
Q1.8: Qual é a probabilidade de você sofrer pessoalmente uma grande perturbação na sua vida por causa das mudanças climáticas?	12,8	20,3	39,8

Existe outra consideração importante aqui que está relacionada a isso. Nas últimas décadas, temos buscado aumentar o otimismo na sociedade por causa de seus benefícios para a saúde (por meio da psicologia positiva e de uma ênfase cultural no "poder do pensamento positivo"). Alguns têm argumentado que nós produzimos uma profunda mudança sociopsicológica, especialmente nas sociedades ocidentais, com expectativas irreais sobre o futuro (Ehrenreich, 2010). Eles também argumentaram que isso, na verdade, "sabotou a preparação" para lidar com ameaças reais como terrorismo global, bolhas financeiras ou mudanças climáticas, com o público não tendo "capacidade nem inclinação para imaginar o pior". O otimismo pode ser uma coisa positiva, mas tem seus limites. O excesso de otimismo pode ser muito prejudicial. Talvez seja hora de reavaliar esse foco cultural abrangente e considerar novas maneiras que fazer o público imaginar o pior. Contudo, é improvável que isso ocorra com sucesso por si só, a não ser que também criemos modos de mitigar esses efeitos.

Essa pesquisa deveria nos fazer parar para pensar sobre as mensagens das mudanças climáticas. Precisamos nos lembrar da tendência que as pessoas têm de autorregular seu estado emocional e as implicações disso para o modo como elas lidam com as mensagens. Também precisamos nos lembrar das implicações desse processamento seletivo para o que as pessoas lembram dessas mensagens, como elas as contextualizam e como elas se sentem em relação ao mundo. Afinal de contas, isso é apenas humano.

5

CAMPANHAS VOLTADAS PARA AS MUDANÇAS CLIMÁTICAS E POR QUE ELAS FALHARAM

Nós já começamos a considerar o que temos de fazer para mudar as atitudes das pessoas diante das mudanças climáticas e, neste contexto, vale a pena considerar o que foi feito para ver quais lições podem ser aprendidas. Nossa conclusão é que algumas campanhas sobre mudanças climáticas deram muito errado. O objetivo dessas campanhas deveria ser nos tornar mais conscientes da questão das mudanças climáticas, influenciar o modo como pensamos sobre isso, nos permitir identificar o papel do comportamento humano em contribuir para isso e mudar *crucialmente* nosso comportamento de maneiras específicas ou mais gerais. Muitas delas deixaram de atingir esses objetivos. Algumas só nos deixam um pouco intrigados.

POR QUE 11 DE SETEMBRO NÃO É IGUAL A UM TSUNAMI

Veja, por exemplo, o anúncio *premiado* criado pela DDP para o World Wildlife Fund (WWF) no Brasil em 2009. A campanha foi projetada para ilustrar o poder devastador do *tsunami* que começou como um terremoto na ponta norte de Sumatra na manhã de 26 de dezembro de 2004. Esse *tsunami* devastou grandes áreas de catorze países, da Indonésia até a Tanzânia e as Ilhas Seychelles, matando mais de 280 mil pessoas.

A campanha do WWF foi veiculada na TV e também apareceu como um anúncio impresso. O tema do anúncio era claro: associar 11 de setembro com o *tsunami*, usando o processo de condicionamento clássico, de modo que o menos familiar *tsunami* adquirisse parte da resposta de medo e choque classicamente condicionada diante do muito mais familiar evento de 11 de setembro. O objetivo pretendido era claramente chocar as pessoas e abalar a complacência delas. Ao mesmo tempo, ao justapor os dois eventos, podemos "explicar" a potência relativa do *tsunami* em comparação a 11 de setembro em termos da amplitude de impacto e do número de vidas perdidas.

O que é interessante em relação a 11 de setembro (ao contrário de muitas catástrofes) é que a maioria das pessoas tem uma "memória *flash*" detalhada em relação a ele, ao contrário de muitas lembranças que muitas vezes são um esboço. Podemos lembrar detalhes significativos das imagens de 11 de setembro, como os aviões batendo nas Torres Gêmeas, e, além disso, podemos nos lembrar de detalhes consideráveis de onde estávamos e das pessoas com quem estávamos mesmo tantos anos depois do evento. Em muitos sentidos, isso é extraordinário e sugere que nossas lembranças de eventos como 11 de setembro são qualitativamente diferentes de nossas memórias da maioria dos outros eventos. Brown e Kulik (1977) cunharam o termo "memória *flash*" para descrever esses tipos de memórias. A maioria das pessoas testadas no Reino Unido também tem memórias *flash* do assassinato de John F. Kennedy e da morte da princesa Diana no acidente em Paris. As pessoas podem se lembrar exatamente de onde estavam e do que estavam fazendo muitos anos depois desses eventos (55 anos no caso do assassinato de JFK). Brown e Kulik argumentaram que as memórias *flash* dependem da ação conjunta de duas das partes mais primitivas do cérebro humano: a formação reticular, que responde à surpresa, e o sistema límbico, que responde à consequencialidade. Eles argumentaram que essas memórias são moldadas por pressões evolutivas: o evento é tão significativo que codificamos detalhes (incluindo detalhes do contexto situacional) de uma maneira especialmente duradoura para guiar nossa ação subsequente (precisamos evitar esses tipos de situações para nossa sobrevivência). Uma das características mais interessantes das memórias *flash* é o quanto nosso cérebro é seletivo ao formá-las (dificilmente é uma ativação aleatória de neurônios). Os dois critérios que geralmente são citados são "surpresa" e "consequencialidade", assim, um dos autores (GB) tem uma memória *flash* de ouvir a notícia da morte de seu pai quando era um garoto de 13 anos (transmitida por seu tio Terence em um estacionamento molhado do Hospital Royal Victoria em Belfast). Você pode ver imediatamente como isso satisfaz aos dois critérios de surpresa e consequencialidade. Mas por que ele tem uma memória *flash* para a morte da princesa Diana e não, digamos, a morte de John Lennon (Lennon e sua música tinham uma importância muito maior para a vida dele que a princesa Diana poderia ter)? Ou talvez ainda mais intrigante, por que ele tem uma memória *flash* da morte de Michael Jackson em vez da de David Bowie, considerando que ele nunca foi um fã de Michael Jackson, mas era um *devoto* de Bowie? Mas, considerando como essas memórias codificadas emocionalmente são seletivas para eventos específicos, qual é a facilidade de transferir seus efeitos usando técnicas de condicionamento clássicas com base na construção de conexões associativas? E, além disso, considerando como nossas memórias *flash* são detalhadas, de longo alcance e *irrestritas* a respeito desses eventos (com várias características do contexto social e interpessoal codificadas na memória), são essas realmente as melhores fontes de dados para o que é uma tarefa de julgamento relativo (isto é, o *tsunami versus* 11 de setembro em termos de impacto)?

O anúncio de TV do WWF começa com uma imagem em ângulo alto do antigo horizonte icônico de Nova York, completo com as Torres Gêmeas do World Trade Center. Alguns momentos depois, vemos a devastação se desenrolar quando o voo 11 da American Airlines atinge a Torre Norte do World Trade Center entre o 93º e o 98º andar. Instantaneamente, a densa fumaça negra começa a subir da torre. Uma imagem que chocou o mundo há 17 anos (no momento em que escrevo este livro) – uma imagem que é impossível apagar de nossas lembranças. A tela fica preta. Segundos depois, vemos o voo 175 da United Airlines bater na

Torre Sul do World Trade Center. Mais uma vez, vemos a pesada fumaça subir da Torre Norte, enquanto a Torre Sul é envolta por uma fumaça ainda mais densa e escura. Isso não era algo que acontecia na vida real; isso era algo que imaginaríamos ver em um filme de catástrofe. Um texto branco em letras grossas aparece na tela: "Em 2001, uma das piores tragédias na história da humanidade matou 2.819 pessoas". A tela então volta para as Torres Gêmeas. A fumaça negra e densa continua a subir das duas torres. Ouvimos o som abafado das sirenes e os gritos das pessoas correndo em todas as direções, tentando fugir da cidade. Dezenas de outros aviões aparecem na imagem. A tela fica preta novamente. Vemos um *flash* de texto em letras brancas e grossas no centro da tela: "Em 2005, o *tsunami* matou 280 mil pessoas. São 100 vezes mais mortes. Nosso planeta é brutalmente poderoso. Respeite-o. Conserve-o".

O anúncio impresso tinha um tema semelhante. Mais uma vez, vemos uma foto aérea com a visão familiar e icônica do horizonte de Nova York. Dê uma olhada mais de perto na cena, e *dezenas* de aviões se tornam visíveis – todos visando à Torre Norte ou à Torre Sul do World Trade Center. As palavras no canto superior direito, junto com a imagem do panda do WWF, dizem: "O *tsunami* matou 100 vezes mais pessoas do que 11/9. O planeta é brutalmente poderoso. Respeite-o. Preserve-o".

A lógica subjacente a essa campanha é um tanto falha. Os eventos de 11 de setembro não foram previstos nem esperados (literalmente "caíram do céu", como no título do filme de Daniel Gardner). É claro que o terremoto como estímulo proximal para o *tsunami* também não era previsível, mas as mudanças climáticas tiveram um papel crucial no desenvolvimento do *tsunami* ao elevar os níveis do mar na área (veja a entrevista com David King, o principal conselheiro científico do Reino Unido, no *Guardian*, 31 de dezembro de 2004). Os efeitos das mudanças climáticas sobre os níveis do mar em algumas partes do mundo podem ser previstos – isso foi parte da força do filme premiado de Al Gore, ganhador do Prêmio Nobel, *Uma verdade inconveniente*. Assim, isso enfraquece a mensagem conceitual subjacente da campanha do WWF ao comparar um *tsunami*, que poderia ser previsto, com algo como 11 de setembro, que não poderia. Eventos que não podem ser previstos e que não podemos evitar só provocam sentimentos de "desamparo aprendido", como a pesquisa anterior de Martin Seligman demonstrou tão persuasivamente. O ponto da campanha é nos levar a agir contra as mudanças climáticas, não a pensar que eventos horríveis acontecem sem aviso e sem nenhuma possibilidade de agir, e que o *tsunami* é essencialmente como 11 de setembro e "caiu do céu".

Essa campanha causou um certo escândalo entre aqueles que a viram, não por causa dos tipos de motivos que acabamos de mencionar, que afetariam sua eficácia, mas porque muitos argumentaram que o WWF estava explorando 11 de setembro. O WWF desculpou-se por sua campanha de "mau gosto" e "ofensiva" (depois de primeiro negar que ela havia sido aprovada para veiculação) e admitiu que os anúncios nunca deveriam ter sido feitos. Eles responsabilizaram a equipe inexperiente que "criou e aprovou" a campanha (tão inexperiente que até erraram o ano do *tsunami* na Ásia). A campanha em revistas posteriormente recebeu um prêmio por serviço ao público em uma das cerimônias de prêmios mais prestigiadas do setor de publicidade nos EUA. Ela também foi indicada para um prêmio em Cannes! O que pode funcionar em termos de "criatividade", porém, pode falhar nos aspectos conceitual, emocional e psicológico. Essa campanha fracassou porque não considerou a natureza dos processos associativos, nem as restrições deles; ela não considerou a formação e a operação da memória humana; não considerou como a emoção pode se transferir entre estímulos (ou não fazer isso); e, talvez o mais importante, ela não considerou por que é crucial deixar o espectador com o sentimento de que ele pode realmente fazer algo para evitar que eventos similares aconteçam. Se não deixar as pessoas com um sentimento de esperança e de que podem fazer algo para evitar isso – o que é chamado de autoeficiência –, então você acaba com negação ("isso nunca aconteceu") ou uma sensação de impotência aprendida. É claro que ambos são catástrofes genuínas neste domínio.

CANTIGAS DE RODA PARA ADULTOS

No Reino Unido, houve uma série de campanhas do governo com a intenção de promover o comportamento pró-ambiental ao mudar a percepção do público sobre as mudanças climáticas. Uma dessas campanhas foi "Act On CO_2", lançada em 2007. A campanha envolveu uma série de anúncios de revistas e TV para impactar a consciência do público; estes foram planejados para fazer com que as pessoas reduzissem sua pegada de carbono por meio do uso da energia doméstica – isto é, desligando equipamentos, instalando lâmpadas de baixo uso de energia, instalando a quantidade e o tipo corretos de isolamento térmico doméstico. Esses primeiros anúncios visavam incentivar as pessoas a fazer sua parte, ligando o comportamento pró-ambiental com a economia de dinheiro. Por exemplo, um anúncio específico incluía a legenda: "Ações simples reduzem as contas de combustível e as emissões de CO_2. Tornar sua casa o mais energeticamente eficiente possível pode ajudar você a economizar 300 libras por ano. Economize dinheiro, poupe energia".

Em 2010, a Act On CO_2 lançou seu anúncio "Bedtime Story" (História de ninar). O anúncio retrata um pai lendo uma história na hora de dormir para sua filhinha sobre a gravidade das mudanças climáticas, enfatizando as implicações e as consequências delas para a próxima geração. O pai lê em voz alta sobre "horríveis ondas de calor", "tempestades e inundações terríveis" e efeitos devastadores que o CO_2 está tendo no planeta – tudo porque os adultos usaram energia. O público vê desenhos animados de coelhos chorando, desenhos de pessoas flutuando em inundações e um gato se afogando, equilibrando-se em uma mesa virada e agarrando-se para salvar a vida. A filha então pergunta se a história terá um final feliz. O anúncio termina com a voz de um narrador dizendo ao público: "O modo como esta história vai terminar depende de nós", enfatizando que o futuro do planeta agora depende do espectador (que nesse momento deve estar se sentindo muito culpado).

O impulso aqui é óbvio. Culpa. O pai tem de justificar suas ações ou sua falta de ação para a filha em um contexto familiar: ler histórias na hora de dormir. Mas o problema é que acontecem *muitas* coisas nas histórias clássicas lidas na hora de dormir que nunca poderiam acontecer na vida real. Pense nos contos de fada, por exemplo, a história arquetípica, com o lobo mau vestido como a vovozinha. Os contos de fada não podem acontecer; esse é o ponto deles. Eles são inventados (e recontados por gerações), com o objetivo de estimular a imaginação das crianças e ensinar a elas algumas lições importantes – neste caso específico, para desconfiar dos estranhos e não confiar nas primeiras impressões (na verdade, *Chapeuzinho Vermelho* tem sido interpretada como uma história moral baseada ao redor desse conceito). Nem tudo que se veste como uma avó é uma avó; esta é a lição aqui: não se deixe enganar por estranhos. É claro que os adultos entendem a semiótica dessas histórias. Eles sabem que são relatos distantes e *impossíveis* da imaginação, exigindo crucialmente a imaginação de uma criança para que se tornem envolventes. É claro que não pode haver consequências reais para os protagonistas nessas histórias ("nenhum lobo foi ferido durante esta produção"). A única consequência concebível é a resposta de medo na criança que ouve a história. Então, voltando ao anúncio, temos um contexto de interpretação para essas histórias (acontecimentos improváveis, tons morais pesados, nenhuma consequência real possível para todos os envolvidos) que não foi realmente considerado pelas pessoas que planejaram a campanha. E, como antes, nenhuma ação específica foi prescrita. A campanha não ofereceu nenhuma orientação específica ao público a fim de que quebrem as barreiras para permitir que adotem um novo estilo de vida de baixo carbono, e não houve nenhuma tentativa de persuadi-los de que esses comportamentos poderiam fazer diferença. Portanto, o anúncio não tenta aumentar o sentimento de eficácia pessoal no espectador e ignora totalmente a consideração da eficácia da resposta (inculcando a crença de que o comportamento recomendado fará de fato uma diferença para a ameaça proposta).

A campanha apoiou-se pesadamente na culpa e no medo de um futuro possível para promover mudanças de comportamento. O uso do medo em uma campanha pode funcionar desde que existam passos de ação claros, apresentados ao público, para que eles se oponham à ameaça. Porém, se o nível de medo em uma campanha for alto, e não existirem passos de ação claros para se opor à ameaça, o nível de autoeficácia será baixo e o público terá maior probabilidade de rejeitar a mensagem, resultando em negação ou crítica severa da mensagem e do mensageiro ("paternalista", "muito simplista", "jogada de culpa", "condescendente").

Outra campanha de revista, também encomendada pela Act On CO_2, parodiou algumas "cantigas de roda", ilustrando-as com imagens que retratavam os efeitos negativos das mudanças climáticas. Um anúncio específico mostrava desenhos de três homens flutuando em uma banheira, rodeados por casas e carros que estão parcialmente submersos na água, com as palavras "esfrega uma esponja, três homens numa banheira,[1] um curso necessário de ação em virtude de inundações repentinas provocadas pelas mudanças climáticas". O texto então continuava:

> As mudanças climáticas estão acontecendo. A temperatura e o nível do mar estão subindo. Eventos extremos de tempo, como tempestades, inundações e ondas de calor, vão se tornar mais frequentes e intensos. Se continuarmos nesse ritmo, a vida daqui a 25 anos pode ser muito diferente.

Um segundo anúncio de revista usou um desenho para retratar um menino e uma menina no alto de uma colina olhando dentro de um poço em busca de água, que não estava lá, com as palavras "Jack e Jill não puderam pegar um balde de água porque o tempo extremo, devido às mudanças climáticas, provocou uma seca".[2] Os dois anúncios alertavam que "são os nossos filhos que realmente vão pagar o preço das mudanças climáticas". Mas, novamente, esses anúncios eram extremamente negativos e havia pouca ênfase nas maneiras de resolver o problema. Além disso, as imagens desenhadas de Jack e Jill em uma missão impossível tentando tirar água de um poço seco (novamente uma história infantil), ou os desenhos dos três homens desamparados, flutuando em uma banheira em uma rua inundada com água, rodeados por casas e carros submersos, não ajudaram na conexão com o público (com o texto da uma clássica cantiga de roda que data do século XIV, uma cantiga com uma origem um tanto lasciva – originalmente eram três *virgens* na banheira, em que a "banheira" era uma atração de feiras similar a um moderno show pornô). Eles têm todos os problemas do contexto da história de ninar; não estamos sendo

---

1 Dois primeiros versos da cantiga inglesa "Rub-a-dub-dub": "Rub-a-dub-dub / Three men in a tub" [N.E.].

2 Alusão à cantiga inglesa "Jack and Jill", cujos três primeiros versos são: "Jack and Jill / Went up the hill / To fetch a pail of water" (Jack e Jill subiram a colina para apanhar um balde d'água) [N.E.].

preparados (isto é, inconscientemente influenciados) para pensar em *nossos filhos* tanto quanto estamos sendo preparados para pensar neste gênero de comunicação (história de ninar, cantiga de roda) voltado para crianças, imaturas e inexperientes demais para reagir a ela de modo mais crítico. E novamente, todas elas eram muito negativas.

Talvez se concentrar nos aspectos positivos do comportamento sustentável – longos passeios de bicicleta ao longo de estradas idílicas no campo, os piqueniques em família em colinas suaves em um glorioso dia de verão – obtivesse mais sucesso. Ou talvez apresentar ao público exemplos de resultados positivos de se envolver em comportamento pró-ambiental, em vez de apresentar as consequências negativas de não se engajar em comportamento pró-ambiental, inspirasse as pessoas a fazer as pequenas mudanças que são necessárias.

QUANDO O MEDO FUNCIONA?

Então, por que as táticas de medo e choque são apropriadas para algumas campanhas e não para outras? Elas claramente têm sido usadas com sucesso em algumas campanhas em outros domínios, inclusive o tabagismo. Por exemplo, em 2004, uma campanha antitabagismo de 4 milhões de libras foi lançada no Reino Unido usando diversos meios de publicidade. A campanha usou imagens fortes retratando a gordura na artéria de um fumante. Essa foi uma das campanhas mais bem-sucedidas da British Heart Foundation até hoje. Os anúncios mostravam um cigarro que era usado para representar a artéria de um fumante com as palavras "pare antes de entupir". Esse anúncio apareceu em revistas, jornais, na TV e em *outdoors* em todo o país, em uma tentativa de conscientizar os fumantes sobre o perigo do cigarro. No primeiro mês da campanha, um total de 10 mil pessoas ligaram para a linha de saúde de tabagismo da associação, mais 62 mil pessoas visitaram o site em busca de dicas para deixar de fumar, e um total de 14 mil pessoas deixaram de fumar em resultado dessa campanha (memorável). O Departamento de Saúde veiculou outra campanha antitabagismo dura e chocante em 2012. Dessa vez, a campanha usou imagens dramáticas de tumores crescendo em cigarros enquanto estavam sendo fumados. A mensagem por trás dessa campanha era que "cada 15 cigarros que você fuma provocam uma mutação que pode se transformar em câncer". Essa campanha ajudou a reduzir as taxas de tabagismo no Reino Unido para seu nível mais baixo de 18,4% (Department of Health, 2014).

A campanha Act On CO_2 e a campanha antifumo da British Heart Foundation eram (superficialmente) muito semelhantes de muitas maneiras. Ambas incluíram algumas informações básicas – em um caso, sobre os efeitos devastadores do CO_2 na atmosfera terrestre; no outro, sobre os riscos de saúde que os cigarros causavam nas pessoas que fumavam. Ambas focalizaram as consequências negativas do comportamento, mas tipos muito diferentes de imagens foram usados nos dois casos, e isso pode ser crucial. Uma usou esquetes (das histórias infantis ou cantigas de roda) para representar as consequências das mudanças climáticas (coelhos se afogando, uma banheira flutuando na água, Jack e Jill incapazes de pegar água no poço). A outra representava os efeitos que os cigarros têm sobre a saúde do fumante (com a gordura saindo dos cigarros enquanto eles estão sendo fumados para representar a artéria entupida de um fumante no anúncio de 2004 ou os tumores cancerosos crescendo no cigarro no anúncio de 2012). Você pode ver em nossa pesquisa sobre o viés de otimismo e o rastreamento do olhar mencionada no capítulo anterior por qual motivo isso poderia ser muito eficiente. Se retratar uma artéria real cortada para revelar a gordura ou um tumor canceroso em um corpo, você pode muito bem descobrir uma aversão automática e imediata do olhar para manter (algum grau de) equilíbrio emocional. Cigarros soltando gordura ou tumores cancerosos em um cigarro, porém, são estímulos novos que atraem nossa atenção, especialmente porque, a princípio, você não sabe o que está acontecendo. Por outro lado, desenhos adequados para crianças têm pouca probabilidade de atrair o olhar dos adultos.

As duas campanhas também publicaram sites que as pessoas podiam visitar se quisessem mais informações. Mas o anúncio tinha uma mensagem clara: "Você tem de parar de fumar" (com um reconhecimento declarado e empático de que isso não vai ser fácil, mas que essa é a coisa "inteligente" a fazer); a mensagem sobre as mudanças climáticas era incrivelmente vaga em termos da ação recomendada. "Veja o que você pode fazer", a voz melodiosa diz no final, como se os criadores do anúncio também não tivessem certeza ("respostas em um cartão postal, por favor"). O anúncio da Act On CO_2 também reforça o viés temporal no adulto, dizendo explicitamente: "Foram as crianças da terra [imaginária] que tiveram de viver com as horríveis consequências". Em outras palavras, as mudanças climáticas são algo para o futuro, e não uma preocupação imediata, pelo menos para os adultos. Uma campanha destaca os efeitos sobre o indivíduo, a outra destaca de modo esquemático os efeitos possíveis para as gerações futuras. Uma é uma chamada à ação; a outra, não.

As imagens nesse tipo de anúncio são cruciais, é claro, e muitas campanhas erraram nesse ponto. Wang e seus colegas (2017) argumentaram que existe um excesso de ursos polares e calotas de gelo derretendo nas campanhas sobre as mudanças climáticas. Na verdade, o urso polar se transformou na imagem icônica clichê das mudanças climáticas e foi até representado nas latas de Coca-Cola em 2011 para mostrar que eles se importavam com a sustentabilidade (uma mensagem um tanto confusa com um produto açucarado em uma lata de alumínio não biodegradável). Wang aponta que as imagens usadas raramente, ou nunca, mostram o efeito que as mudanças climáticas estão tendo sobre os seres humanos, e quando os seres humanos são usados nas campanhas de mudanças climáticas, eles são em geral de países em partes distantes do mundo – partes do mundo que são muito diferentes da nossa (aumentando assim o viés espacial). Ou eles usam políticos que tentam transmitir essas mensagens. Talvez se as mensagens relativas às mudanças climáticas incluíssem o risco à saúde e ao bem-estar do destinatário da mensagem, então elas poderiam ser mais eficientes.

COMO SERIA UMA CAMPANHA BEM-SUCEDIDA?

Então, como podemos criar uma campanha bem-sucedida que engaje o público e cause uma mudança positiva no comportamento? Em 2008, o National Endowment for Science, Technology and the Arts (Nesta) publicou um relatório que representou uma avaliação muito útil da extensão desse problema e de uma gama de soluções possíveis. Eles avaliaram várias iniciativas e concluíram que havia muito poucas evidências até agora de mudanças de comportamento para reduzir as emissões – bem o oposto, na verdade. Entre 1990 e 2005, eles dizem que o uso de energia em casa subiu 40%, e entre 2005 e 2006, as emissões de CO_2 da aviação internacional aumentaram 1,5%. As emissões de CO_2 do transporte subiram 1,3% em 2006 em comparação com o ano anterior. Nossas críticas a essas campanhas nas páginas precedentes podem muito bem ter sido justificadas.

Elas oferecem diversos *insights*. É importante identificar as mudanças climáticas como um inimigo comum que pode unir as pessoas. Precisamos nos concentrar em ações imediatas efetivas que as pessoas podem realizar para não se sentirem impotentes diante da seriedade e da escala do problema. Outro *insight*-chave é que devemos evitar a culpa como um motivador sem implicar que o comportamento cotidiano das pessoas seja o responsável pelo problema. O problema com as campanhas que usam emoções negativas, como a culpa, o medo e a ansiedade, é que as pessoas não sentem que podem fazer alguma coisa imediatamente para ajudar a resolver o problema (baixa autoeficiência) e, então, elas geralmente encontram outras maneiras de lidar com a ameaça, como Witte e Allen (2000) indicaram e nós discutimos. Essas maneiras incluem a evitação defensiva ("assustador demais, não pense nisso"), negação ("isso não vai acontecer comigo") e reação ("eles só estão tentando me manipular"). A reação foi provavelmente a maneira pela qual muitas pessoas descartaram os anúncios das histórias de dormir da Act On CO_2. Afinal de contas, se as histórias de dormir são contos morais para manipular crianças, então elas provavelmente serão percebidas nesses anúncios como uma tentativa de manipular os adultos. Outros *insights*-chave são que, se alguém tentar promover um estilo de vida menos intensivo em consumo, então isso pode ser apresentado como uma *oportunidade* para passar mais tempo com amigos e familiares em vez de como uma questão de autossacrifício e privação. Eles também reconhecem que as campanhas podem visar às pessoas não apenas como indivíduos, mas também como membros de diversos grupos e comunidades (incluindo grupos de família, vizinhança, trabalho etc.), e que a campanha pode alimentar sentimentos de comunidade, solidariedade e identidade para incentivar atividades como compartilhamento de carros e reciclagem comunitária. Outro *insight*-chave do marketing social é concentrar estrategicamente qualquer campanha em termos de comportamentos-alvo, focando o consumo vinculado àqueles produtos com os efeitos mais importantes sobre as mudanças climáticas. Eles citam o trabalho do European Environmental Impact of Products de 2005, que avaliou o efeito ambiental de 255 produtos ambientais e descobriu que de 70% a 80% do impacto total deriva de consumo de alimentos e bebidas, moradia (incluindo a energia doméstica) e transporte (incluindo ida e volta do trabalho, lazer e viagens na comunidade). O Department of Environment, Food and Rural Affairs (Defra) posteriormente levou em conta algumas dessas considerações.

O relatório do Nesta sugere alguns caminhos para as campanhas de mudanças climáticas, incluindo a promoção de comportamentos mais sustentáveis como a coisa mais "normal" e "sensata" a fazer, evitando ser "terríveis" demais quanto às consequências de não agir, quanto à justiça (o público vai fazer sua parte se os governos derem o exemplo), e enfatizando que as mudanças climáticas têm relevância pessoal, isto é, os riscos não serão enfrentados apenas por países distantes ou pelas gerações futuras. O relatório diz: "Campanhas recentes tiveram dificuldade para mudar o comportamento porque negligenciaram a importância das oportunidades e o poder das emoções positivas na resposta às mudanças climáticas" (2008, p. 43). Nós já vimos diversas campanhas baseadas em emoções negativas; em vez disso, precisamos nos concentrar nos benefícios positivos dos comportamentos mais sustentáveis. Precisamos dizer às pessoas o que elas podem fazer especificamente (desligar equipamentos que não estejam em uso, dirigir mais suavemente para usar menos combustível, usar copos reutilizáveis, escolher alternativas de baixo carbono). Mas precisamos persuadi-las de que essas ações serão replicadas pelos outros membros de sua família e por muitas outras pessoas em seu bairro, cidade e país e, portanto, isso fará uma diferença, pois todos farão a sua parte. Além disso, precisamos lembrar as pessoas de que existem enormes oportunidades (inclusive benefícios emocionais) ao se engajar em estilos de vida de baixo carbono. Você pode deixar o carro em casa quando for fazer compras, caminhar até a loja, sentir-se mais saudável e em melhor forma e perder peso; você pode trabalhar mais em casa, economizar combustível e ver mais sua família; você pode se tornar um ativista ambiental como parte de sua identidade geral, o que vai impressionar na hora de se apresentar a um estranho (embora talvez seja um pouco brega).

O que é mais interessante no relatório do Nesta é que segue a lógica de Melinda Gates e outros de que podemos aprender lições importantes com o mundo comercial que nos vendeu tantas coisas de que não precisávamos e nos deu tantos hábitos ruins. O mundo comercial e os grandes fabricantes de cigarro conseguiram entregar o mundo à fumaça, então podemos mesmo usar as técnicas deles para levar o mundo a fazer coisas positivas em relação a nosso planeta? Algumas das campanhas que analisamos no início deste capítulo, em nossa opinião, nunca funcionariam, pois havia inúmeras falhas conceituais e práticas nelas. Elas tiveram pouco efeito porque não se conectaram com nosso cérebro racional nem com nosso cérebro emocional. Elas eram pouco lembradas. Nós precisamos ficar voltando ao anúncio da Act On CO_2 para tentar lembrar a história que era contada às crianças (e uma criança de 5 anos realmente entenderia o conceito de CO_2 que era mencionado várias vezes?). O relacionamento entre os processamentos racional e emocional da mensagem não foi bem pensado nem planejado. As ações corretivas não foram especificadas e eram extremamente vagas. O viés temporal, explícito no anúncio da Act On CO_2, minimizava a relevância pessoal. Precisamos de novas ideias.

6

DURAS LIÇÕES DA PROPAGANDA DE CIGARROS

É claro que podemos precisar ser criativos quando se trata das mudanças climáticas, talvez extremamente criativos, para levar Melinda Gates a sério. Mas quão radicais podemos ser? Por que não pensar como as grandes empresas fabricantes de cigarro tornaram o mundo dependente do fumo? Isso é radical? Quando ainda era permitida, a publicidade de cigarros era um enorme sucesso. Em 1965, 51,1% dos homens estadunidenses fumavam, e 33,3% das mulheres do país, e já estava bem estabelecido nessa época que o fumo estava associado com o câncer. Então, o que os fabricantes de cigarros sabiam que nós não sabemos?

Em um livro recente, um dos autores discutiu o papel de Ernest Dichter, um psicanalista, nesta empreitada (Beattie, 2018). A psicanálise estava oferecendo novos *insights* a respeito do funcionamento da mente, e a metáfora emergente era que a mente humana era como um *iceberg*, com a maior parte oculta. Os seres humanos podem ser criaturas racionais, mas não são racionais o tempo todo, e existem forças *inconscientes* que governam grande parte de sua vida. Essa pode ter sido uma ideia popular na psicanálise da época (de fato, uma ideia central), mas não na psicologia acadêmica. A teoria contemporânea de Kahneman sobre o papel do "sistema 1" inconsciente na cognição cotidiana bem poderia estar mudando isso agora. O marketing poderia acessar essas forças inconscientes? Dichter decidiu voltar sua atenção da cura das neuroses usando métodos psicanalíticos para a aplicação da compreensão psicanalítica no marketing. Ele pensava que havia mais semelhanças que diferenças entre as duas aplicações. As pessoas dizem que não estão sujeitas a complexos neuróticos, e também dizem que não são suscetíveis a manipulação por meio da publicidade. Porém, as pessoas dizem muitas coisas; a realidade pode ser bem diferente. Os dois empreendimentos precisam de um modelo claro da mente. Você precisa ver abaixo da superfície para *acessar* o inconsciente para curar a neurose e para *manipular* o inconsciente para vender marcas. Se você quer entender como as pessoas pensam e sentem a respeito de produtos, não basta só perguntar diretamente. Os psicanalistas nunca fariam isso; seria ridículo ("fale sobre a sua neurose"). É preciso usar métodos mais indiretos e mais intensos. Você precisa do divã do psicanalista, mas em escala industrial.

Dichter desenvolveu uma *abordagem* completamente nova para revelar o lado mais irracional e inconsciente do comportamento do consumidor. Ele disse que precisamos começar bem no início, de fato com nosso primeiro ponto de contato com o consumidor. As entrevistas podem ser reveladoras para pesquisas de mercado, argumentou ele, mas precisam mudar fundamentalmente. Ele sugeriu que números muito menores de participantes deveriam ser entrevistados (afinal de contas, muitos dos grandes *insights* da psicanálise se basearam em estudos de casos únicos). Mas essas entrevistas precisam ser muito mais longas e profundas, com a suposição de que se deixar as pessoas falarem por tempo suficiente, você pode encontrar algo interessante nas associações entre conceitos que surgem inesperadamente na fala espontânea, muitas vezes em momento de guarda baixa, quando o ego está menos no controle. Você também precisa fazer com que as pessoas falem indiretamente (em vez de diretamente) sobre o produto. Você precisa fazer com que elas verbalizem seus sentimentos; precisa ouvir cuidadosamente; precisa confirmar e fazer verificação cruzada; e também precisa estar atento às incoerências. Você não precisa aceitar o que elas dizem por seu valor aparente; ao contrário, você precisa entender a importância simbólica dos produtos na vida das pessoas e interpretar o que elas dizem.

Um de seus princípios centrais era "o princípio dos *insights* fundamentais". Ele diz que o importante quanto à motivação humana é que nós, como atores, não temos ideia real do motivo de fazermos uma coisa e não outra.

> Na prática da pesquisa em motivações humanas, sentimos que nosso dever é chegar aos *insights* fundamentais, aceitar sem medo nem constrangimento o fato de que várias das motivações humanas são irracionais, inconscientes e desconhecidas das próprias pessoas. Esse princípio significa que a maioria das ações humanas tem motivações mais profundas que as que aparecem na superfície, motivações que podem ser reveladas se a abordagem correta for usada. (Dichter, 1960, p. 45)

É claro que, se perguntarmos às pessoas por que elas fazem algo, elas vão dar uma resposta ("nossa cultura não nos permite admitir a verdadeira irracionalidade como uma explicação de nosso comportamento"), então ele evitou fazer perguntas. Em vez disso, ele permitiu que as pessoas falassem indiretamente e com profundidade ("fale sobre seu primeiro cigarro"). Ele as incentivou a revelar suas emoções e a falar sobre os extremos ("fale sobre a melhor cerveja que você já provou e também sobre a pior"). O raciocínio aqui era mobilizar "sentimentos verdadeiros" e "experiência real" e se afastar das "opiniões pensadas". Ele incentivou as pessoas a serem específicas. Quando as pessoas falam em termos de generalidades, é mais fácil apresentarem um ponto de vista "racional" e pensado. Porém, talvez o mais importante tenha sido que ele as incentivou a ser espontâneas e, depois, analisou-as cuidadosamente para estabelecer os verdadeiros sentimentos e intenções. Em outras palavras, essa foi uma abordagem que não tomou pelo valor aparente o que as pessoas diziam. Ele filmou os participantes interagindo com diversos produtos (as mulheres muitas vezes ficavam surpresas pelo tempo que levavam passando os dedos sobre um sabonete para testar a suavidade). Ele usou psicodrama e representou o relacionamento das pessoas com o produto (o som do punho na luva é uma dimensão crucial para as luvas de beisebol). Ele usou diversas técnicas projetivas ("Imagine que você é um menino pequeno olhando por um buraco de fechadura para uma cozinha daqui a dez anos. O que você vê?").

Seu primeiro grande sucesso profissional foi com a Compton Advertising Agency para promover o sabonete Ivory, cujas vendas tinham caído significativamente na época. "O sabonete que flutua" tinha sido descoberto por acidente em 1879 e teve um desempenho extremamente bom por muitos anos. A abordagem-padrão de pesquisa de mercado era perguntar aos consumidores por que eles escolheram ou não um produto específico. Dichter queria aplicar seu "princípio funcional". Ele disse que não havia sentido em tentar promover uma marca de sabonete antes de entender mais sobre a psicologia do banho e, assim, ele começou a entrevistar cem pessoas em várias sedes da Associação Cristã de Moços (YMCA) em todo o país do seu usual modo não diretivo. "Eu decidi falar às pessoas sobre coisas como banhos diários e duchas, em vez de fazer várias perguntas sobre por que elas usavam ou não usavam o sabonete Ivory" (Dichter, 1960, p. 33). Ele descobriu que o banho tinha todo tipo de significados psicológicos ocultos. Para algumas pessoas, ele não serve apenas para retirar a sujeira; ao contrário, ele era também um processo de limpeza psicológica. Como ele mesmo disse: "Você se limpa não só da sujeira, mas também da culpa". O *slogan* que ele criou foi: "Seja esperto e comece de novo com o sabonete Ivory. . . . e se limpe de todos os seus problemas". As vendas do sabonete Ivory decolaram. Em 1979, segundo a *Advertising Age*, o sabonete Ivory tinha vendido mais de 30 bilhões de barras.

Dichter logo se voltou para o tabaco. A suposição inicial dele era que a publicidade de cigarros até esse momento era muito errada. Todos os anúncios da época eram criados para enfatizar o sabor dos cigarros ou como eles eram suaves (o anúncio de Chesterfield da década de 1940 mostrava Alan Ladd dizendo: "Gosto de Chesterfields – eles são minha marca porque são SUAVES"; "Lucky Strikes significa Tabaco Fino"). Com base em entrevistas profundas com 350 fumantes, Dichter concluiu que coisas como sabor, suavidade ou gosto eram "considerações pouco importantes" quando se trata de fumar; o principal apelo dos cigarros era a gama de prazeres psicológicos que são obtidos com eles. Ele argumentou que, de um ponto de vista psicológico, os cigarros funcionam de diversas maneiras distintas. Em primeiro lugar, eles permitem que você se comporte novamente como criança e seja capaz de "seguir seus caprichos". Eles oferecem uma "desculpa legítima para interromper o trabalho e roubar um momento de prazer". Como crianças, nós ansiamos por recompensas – "um cigarro é uma recompensa que podemos dar a nós mesmos sempre que desejarmos". Dichter argumentou que eles deviam usar esse *insight* de autogratificação como base para uma campanha de marketing.

No entanto, isso foi apenas uma parte das observações dele a respeito da natureza do tabagismo como uma *atividade.* Algumas das pessoas entrevistadas tinham também comentado que, com os cigarros, você nunca se sente realmente sozinho. Talvez isso tivesse a ver com o conceito primitivo do fogo, um brilho quente, um estímulo condicionado enraizado em nosso passado evolucionário associado com a reunião em volta da fogueira. Um dos entrevistados de Dichter disse: "quando eu vejo o brilho no escuro, eu não estou mais sozinho", e Dichter acrescentou que o uso de cigarros para combater os sentimentos de solidão e isolamento era crucial. Ele também disse que "o caráter de companhia do cigarro também se reflete no fato de que ele nos ajuda a fazer amigos". Esse *insight* se tornou a base de várias campanhas de marketing.

A ênfase da abordagem dele estava na compreensão da gama de papéis e funções que os cigarros podem ter na vida das pessoas. Em outras palavras, ele queria começar com algum entendimento psicológico do que os cigarros *fazem* na vida das pessoas, seguindo mais uma vez o que ele tinha aprendido em sua leitura de Margaret Mead e outros antropólogos culturais. A análise funcional dele baseou-se nisso. Repetidamente, ele descobriu que as pessoas fumavam para aliviar a tensão e como uma recompensa por algo que tinham feito. Elas fumavam para reduzir o estresse em antecipação a um evento. Elas fumavam como uma afirmação simbólica de como eram ousadas. Elas fumavam como uma maneira de se ligar aos outros. Elas fumavam como parte de um desempenho ritualizado que requer pouco planejamento, mas permite uma projeção de sofisticação. Os cigarros são usados antes do sexo porque as pessoas estão nervosas e depois do sexo como uma recompensa relaxante. Todas essas observações são cruciais para o processo de marketing.

E também, é claro, existe o prazer oral que é derivado do ato de fumar, "tão fundamental como a sexualidade e a fome". Aqui ele se lembrou de algumas das grandes verdades psicanalíticas sobre os primeiros estágios do desenvolvimento psicológico, a frustração e como as pessoas lidam com isso. O que é fumar, em essência? É uma forma de comportamento, pesadamente carregado com conotações simbólicas e sociais, em que você põe algo nos lábios para se confortar em momentos de estresse e frustração, ou como recompensa. Tem a ver com a gratificação oral, como a infantil (no contexto da teoria freudiana), como sugar o polegar. No entanto, esse é um modo socialmente aceitável de conseguir essa gratificação oral e, ao mesmo tempo, enviar uma mensagem poderosa sobre a maturidade e a potência viril. Isso é tão poderoso porque ao mesmo tempo satisfaz os desejos infantis e ainda envia simbolicamente um sinal muito adulto. Dichter também enfatiza o poder de acender um cigarro (além de suas conotações mais "sociais"). Foi o poder do fogo que ajudou a definir e moldar o *Homo sapiens* em termos evolutivos.

Dichter diz que temos de reconhecer as necessidades psicológicas associadas com o fumo e o que fumar nos propicia na vida cotidiana. Ao mesmo tempo, Dichter argumentou que temos de lidar com o conflito psicológico essencial que é gerado pelo ato de fumar. Ele escreveu: "Um dos principais trabalhos do publicitário nesse conflito entre prazer e culpa não é tanto vender o produto quanto dar permissão moral para ter prazer sem culpa". A culpa associada com o tabagismo foi aumentada pelo fato de que, na década de 1950, havia evidências crescentes de que o fumo era de fato muito prejudicial (embora Dichter desconsiderasse cinicamente as evidências que se acumulavam – "Os estudos científicos e médicos sobre os efeitos psicológicos do tabagismo fornecem uma imagem confusa: alguns concluem que o fumo é prejudicial; outros o negam. Essa mesma confusão prevalece entre os próprios fumantes"). Os fabricantes de cigarros estavam tentando usar a mensagem de que eles não matariam você como parte de suas vendas. Muitas vezes isso era feito com médicos (e dentistas também) que recomendavam marcas específicas como "mais saudáveis". Dichter pensava que isso era fundamentalmente equivocado. Isso estava associando inconscientemente o fumo de cigarros com o aumento da mortalidade, e o "não" não era o elemento crucial no modo como essas mensagens eram interpretadas pelo público. Dichter concluiu que o fumo oferece "uma satisfação psicológica suficiente para superar os medos de saúde, para resistir à censura moral, ao ridículo, ou mesmo à fraqueza paradoxal da 'escravidão ao hábito'". Os anúncios agora se concentravam em homens poderosos relaxando com um cigarro como uma recompensa por seus esforços. Algumas vezes, esses homens ocupados e poderosos com os pés para cima eram médicos. Entretanto, esse não era um médico tentando tranquilizar você dizendo que os cigarros não o matariam, esse era "um dos homens mais ocupados da cidade . . . de plantão 24 horas por dia . . . um cientista, um diplomata e um ser humano simpático e amigável", desfrutando um merecido descanso e fumando por prazer. Esses anúncios tinham tudo; eles quebravam a conexão associativa entre o tabagismo e a saúde/doença/mortalidade/morte destacada nos anúncios anteriores envolvendo médicos, ao usar o médico simplesmente como um modelo tranquilizador e um exemplo da classe de homens ocupados e bem-sucedidos que merecem um descanso. Além disso, o médico é descrito como um "cientista". Um cientista que era presumivelmente capaz de avaliar as evidências acumuladas e, então, fazia uma escolha refletida e consciente de fumar Camels ("*More Doctors smoke Camels than any other cigarette*" – "Mais Médicos fumam Camels do que qualquer outro cigarro"). O interessante é que as letras maiúsculas "M", em "More", e "D", em "Doctors", estão em vermelho (criando "M.D." que, em inglês, significa doutor em medicina), para usar um sinal de agrupamento perceptual, para unir as letras "M" e "D" e fazer com que elas se destaquem do fundo. Em outras palavras, estamos falando aqui de doutores de verdade – médicos. Esses anúncios são poderosos e eficientes em termos de seus efeitos, ou seja, das vendas.

Porém, Dichter fez outra coisa em seu trabalho sobre a psicologia do fumo e o marketing eficaz de cigarros, que raramente é comentada. Ele estabeleceu um marcador para tentativas futuras de defender o fumo e a promoção do fumo ao sugerir que qualquer evidência de uma relação estatística entre o fumo e a saúde ruim podia muito bem ser um artefato de algo diferente. Ele escreveu:

> Os esforços para reduzir a quantidade de fumo significam uma disposição para sacrificar o prazer a fim de acalmar . . . sentimentos de culpa. A mente tem uma influência poderosa sobre o corpo e pode produzir sintomas de doença física. Os sentimentos de culpa podem causar efeitos físicos prejudiciais que não são causados pelos cigarros usados, que podem ser extremamente suaves. Esses sentimentos de culpa, por si sós, podem ser a causa real das consequências danosas. (Dichter, 1960)

Em outras palavras, não é o fumo que provoca câncer; é a culpa que você sente ao fumar (e essa culpa deriva da tentativa de seus pais de censurar essa forma de comportamento nos filhos, mesmo quando eles mesmos fumavam). Não culpe os cigarros por sua saúde ruim, culpe seus pais! Porém, tenha em mente que ele também disse que o papel do anunciante "não era tanto vender o produto, mas dar permissão moral para se divertir sem culpa". Ele nos ajudaria a nos divertir sem culpa e, portanto, reduziria o dano físico do fumo.

Em 2011, Pettigrew e Lee realizaram uma revisão extensa dos documentos recentemente liberados pela indústria do fumo (liberados por causa de processo) que revelaram muito sobre como o setor lutou contra as crescentes evidências científicas sobre o vínculo entre fumo e câncer de pulmão. A indústria do tabaco queria abrir um grande "debate" a respeito dos efeitos do fumo sobre a saúde para sugerir que as evidências médicas estavam longe de serem conclusivas e para mostrar que havia diferenças de opinião entre os especialistas nessa questão. A indústria do tabaco criou o Council for Tobacco Research (Conselho para a pesquisa do tabaco) em 1953 para financiar pesquisas que poderiam ser usadas nessa luta. Um beneficiado por esse financiamento foi o famoso cientista Hans Selye, o chamado pai do estresse, que tinha credenciais acadêmicas extremamente impressionantes com 1.700 artigos e 39 livros (e indicado dez vezes ao Prêmio Nobel). Pettigrew e Lee descobriram que foi Selye quem contatou a indústria do tabaco em 1958, em busca de financiamento para sua pesquisa sobre o estresse. O primeiro pedido não teve sucesso. Entretanto, no ano seguinte, um escritório jurídico que representava o setor de tabaco, então envolvido em processos, escreveu a Selye oferecendo mil dólares para escrever um memorando demonstrando que "a medicina tinha visto anteriormente correlações surpreendentes que sugeriam causa e efeito, apenas para descobrir depois que a importância da correlação, se houvesse, era no sentido contrário" (Pettigrew & Lee, 2011, p. 412). Selye concordou em fazer isso pela quantia oferecida, mas apenas na condição de que qualquer citação usada não seria atribuída a ele e que ele também não seria chamado como testemunha em nenhum caso de tribunal. Isso, como se costuma dizer, foi só o início de um longo e gratificante relacionamento. Considerando suas credenciais acadêmicas, Selye tinha um enorme valor para eles. Afinal de contas, ele era um cientista objetivo ou, pelo menos, isso é o que teria parecido aos olhos do público se eles não soubessem de sua conexão financeira com o setor. Selye aconselhou à indústria do tabaco que ela devia se defender focando o aspecto "profilático e curativo" do fumo. O fumo devia ser retratado como uma maneira de se ajustar a um estilo de vida estressante. Selye estava preparado para argumentar que é o estresse que mata, e não o fumo. Fumar, sugeria ele, pode ajudar você a lidar com o estresse; na verdade, seria benéfico. Em 1969, Selye, segundo Pettigrew e Lee, "testemunhou diante do Comitê de Saúde da Câmara dos Comuns do Canadá, argumentando contra a legislação antifumo, opondo-se a restrições de anúncios, alertas de saúde e restrições sobre alcatrão e nicotina" (2011, p. 413). Ele havia sido financiado com 100 mil dólares ao ano na década de 1960 (cerca de três quartos de milhão de dólares em termos atuais). Ele apareceu na Canadian Broadcasting Corporation defendendo os benefícios de fumar para as pessoas que estivessem sob estresse. Fumar, disse ele, era uma "distração" para evitar o estresse que causava doenças. Porém, ele não mencionou o conflito de interesse na entrevista nem revelou que a indústria do cigarro o remunerava como porta-voz.

Enquanto isso, no Reino Unido, Hans Eysenck tinha um papel similar neste "debate" sobre os efeitos danosos do cigarro. Ele era outro acadêmico influente e muito famoso que questionou publicamente o vínculo entre fumo e saúde. Como Selye, ele também estava secretamente recebendo dinheiro da indústria do tabaco, desde a década de 1960. A hipótese de Eysenck era que há certos tipos de personalidade que são inclinados a ter câncer e há certos tipos de personalidade inclinados a fumar

(Eysenck, 1966). Ele argumentou que era a personalidade o fator crucial e de confusão no risco de câncer (Dichter, é claro, tinha dito que a "culpa" era o fator de confusão. Selye disse que era o "estresse"; claramente o dinheiro comprava muitos possíveis fatores desconsiderados). Eysenck propôs que determinados tipos de personalidade – especificamente, os extrovertidos – são atraídos para a nicotina porque ela é um estimulante e, portanto, tem efeitos de introversão; em outras palavras, os extrovertidos fumam por boas razões "geneticamente determinadas". Agora nós sabemos que Eysenck recebeu mais de 800 mil libras por meio de um fundo estadunidense secreto de tabaco chamado conta especial número 4 (*The Independent,* 31 de outubro de 1996). É claro que Eysenck não foi o único a receber esse dinheiro secretamente, como já vimos.

MERCHANTS OF DOUBT

Oreskes e Conway, em seu livro *Merchants of Doubt* (*Mercadores da dúvida*), descrevem como, em 15 de dezembro de 1953, os presidentes das quatro maiores empresas de cigarros, American Tobacco, Benson and Hedges, Philip Morris e US Tobacco, se reuniram com John Hill, o CEO da empresa de relações públicas Hill and Knowlton, no Plaza Hotel em Nova York. O objetivo deles era desafiar as evidências científicas de que o cigarro podia matar. Nas palavras dos autores:

> Eles queriam trabalhar juntos para convencer o público de que não havia "nenhuma base científica para a afirmação" e que os relatórios recentes [sobre o alcatrão do cigarro e o câncer] eram simplesmente "acusações sensacionalistas" feitas por cientistas que queriam publicidade, esperando conseguir mais verbas para suas pesquisas. Eles não ficariam sentados calmamente enquanto seu produto era caluniado; assim, eles criaram um Comitê da Indústria do Tabaco para Informação do Público para fornecer uma mensagem "positiva" e "inteiramente pró-cigarro" para se contrapor à mensagem anticigarros. Como o Departamento de Justiça estadunidense viria a dizer mais tarde, eles decidiram "enganar o público estadu-

nidense sobre os efeitos do fumo para a saúde". A princípio, as empresas não achavam que precisariam patrocinar novas pesquisas científicas, pensando que seria suficiente "disseminar informações existentes". John Hill discordou, "alertando enfaticamente . . . que deveriam . . . patrocinar pesquisas adicionais", e que isso deveria ser um projeto de longo prazo. Ele também sugeriu incluir a palavra "pesquisa" no nome do novo comitê, porque uma mensagem pró-cigarro precisaria ser sustentada pela ciência. No final das contas, concluiu Hill, "as dúvidas científicas precisam permanecer".

Eysenck não é mencionado no livro sobre aqueles que ganhavam a vida comercializando dúvidas. Mas o trabalho dele, junto com o de Selye e muito outros, contribuiu muito para a incerteza sobre fumo e câncer, e mais uma vez nas palavras de Oreskes e Conway, "durante toda a década de 1950 e no início dos anos 1960, os jornais e as revistas apresentavam a questão do tabagismo como um grande debate em vez de um problema científico em relação ao qual as evidências estavam se acumulando rapidamente". Oreskes e Conway também indicam paralelos marcantes com o modo como o "debate" científico sobre as mudanças climáticas foi similarmente criado, com ataques coordenados por organizações e mídias de direita aos "melancias" – verdes por fora, vermelhos por dentro. Essas organizações de direita temiam a regulamentação do livre mercado defendida pelos ambientalistas como uma ladeira escorregadia para o comunismo. O resto da mídia, ansioso por ser visto como justo e equilibrado, gostava de divulgar os dois lados do argumento, e assim o *lobby* a favor e o *lobby* contra recebiam (e recebem) oportunidades de promover seu argumento, e os destinatários de todas essas mensagens de mídia então se conectam e se desligam, como vimos no Capítulo 4, algumas vezes com efeitos devastadores.

O tabagismo é um ótimo conto moral para as mudanças climáticas, com tantas similaridades importantes em diversos níveis, e no entanto, porque o pensamento de Dichter precedeu o de Zajonc, Slovic e Kahneman (com seu reconhecimento final de que os seres humanos não são racionais na tomada de decisões, embora as pessoas possam ter de racionalizar e justificar suas ações), podemos aprender muito com as campanhas que impulsionaram o tabagismo. Dichter argumentou que não funciona perguntar às pessoas por que elas fazem coisas. Grande parte de nossa vida mental opera sem percepção consciente. Nós precisamos visar às motivações inconscientes e perceber essas novas associações emocionais vinculadas a essas motivações subjacentes para dirigir nossa tomada de decisões. Mas, ao mesmo tempo, precisamos estabelecer um "debate" de modo que a mídia justa, sempre querendo representar os dois lados de um argumento, dê às pessoas algo para usar quando têm de explicar para outras pessoas por que ainda estão fumando ou levando um estilo de vida de alto carbono. Porém, em um nível mais profundo, era mais simples no caso do fumo porque era mais fácil identificar quais necessidades psicológicas o tabagismo podia satisfazer (autoconforto, autogratificação, ligar-se a outros etc.). No caso das mudanças climáticas, temos de destrinchar os profundos desejos psicológicos que são satisfeitos pelo estilo de vida de alto carbono e, depois, pensar em como podemos tornar os equivalentes de baixo carbono igualmente desejáveis, para que eles também possam se tornar emocionalmente marcados de um modo positivo. Essa é uma parte importante do desafio que enfrentamos.

CONSUMO CONSPÍCUO

Temos de lembrar que todo o impulso do marketing depois da Segunda Guerra Mundial tem sido promover o consumismo enraizado em produtos e estilos de vida de alto carbono. Por mais de sete décadas, temos sido alimentados com uma dieta constante de que carros grandes, férias exóticas e consumismo com desperdício são desejáveis, e eles dizem às outras pessoas quem nós somos. Essa exibição pública de *status* por meio de bens comprados tem sido definida como "consumo conspícuo". O economista Thorstein Veblen cunhou a expressão "consumo conspícuo" em 1899 em seu livro clássico *The Theory of the Leisure Class* (*A teoria da classe do lazer*), em que ele a usou para definir "a divulgação da riqueza de um indivíduo por meio de gastos luxuosos em itens visíveis". Existem muitas perspectivas teóricas diferentes sobre o consumo conspícuo, inclusive uma que deriva da biologia evolutiva – "teoria dos sinais de custo". A premissa básica por trás dessa teoria é que alguns animais (inclusive os seres humanos) usam a exibição conspícua como uma forma de comunicação que sinaliza aptidão inclusiva. Contudo, essas exibições têm um custo porque exigem uma quantidade considerável de "esforço, risco, recursos econômicos e tempo" para funcionar. Veja, por exemplo, o pavão, exibindo sua cauda para atrair atenção durante o processo de corte a fim de sinalizar a qualidade de sua genética pela pura elegância e amplidão de suas penas. Esse é obviamente um "sinal caro", pois esse sinal elaborado torna o pavão mais vulnerável aos predadores.

Para que uma ação se qualifique como "sinalização cara", ela precisa cumprir os quatro critérios a seguir. Em primeiro lugar,

> deve ser cara para quem sinaliza em termos de recursos econômicos, tempo, energia, risco ou outro domínio significativo . . . Em segundo lugar, ela deve ser facilmente observável pelos outros. Em terceiro lugar, a exibição deve aumentar as chances de quem sinaliza ganhar alguma vantagem seletiva por meio da exibição, como uma maior capacidade de atrair parceiros desejáveis. Por fim, o sinal deve ser um indicador para os parceiros em potencial de algum traço ou característica importante, como acesso a recursos, orientação pró-social, coragem, saúde ou inteligência. (Griskevicius et al., 2007, p. 86)

Compras caras ou de luxo (Veblen, 1899) obviamente cumprem esses critérios (e a publicidade comercial, é claro, baseia-se nessa ideia fundamental). A compra ostensiva de bens de luxo (os anúncios nos dizem) vai nos levar a atrair mais amigos e parceiros sexuais por meio de nossa capacidade de sinalizar que temos acesso aos recursos financeiros apropriados. A questão é se a compra de produtos mais amigáveis ou mais sustentáveis em relação ao meio ambiente poderia potencialmente seguir os mesmos princípios. Alguns produtos amigáveis em relação ao meio ambiente são mais caros, e, assim, a compra desses produtos é um modo bastante direto (mas importante) pelo qual a aptidão inclusiva pode ser sinalizada (mais acesso aos recursos financeiros). Porém, o que acontecerá se os produtos amigáveis em relação ao meio ambiente ou os de baixo carbono deixarem de ser mais caros? Será que eles ainda sinalizarão a aptidão inclusiva como definida pela teoria dos sinais de custo? Afinal de contas, eles ainda podem ser configurados para cumprir alguns dos critérios. Por exemplo, a seleção dos produtos amigáveis em relação ao meio ambiente ou de baixo carbono é potencialmente observável pelos outros (por causa da presença de rótulos nos produtos). Cuidar do nosso meio ambiente/planeta poderia talvez tornar você mais desejável para os outros sinalizando sua orientação pró-social.

Griskevicius et al. (2010) sugeriram que existem de fato ligações entre a escolha de consumo pró-ambiental e *status* elevado e "que esses motivos de ativação de *status* podem levar as pessoas a se afastar do luxo e, em vez disso, escolher o sacrifício pessoal". Eles argumentaram que as pessoas estão de fato dispostas a agir de maneira pró-ambiental porque isso melhora seu *status* social. Eles usaram o exemplo do Toyota Prius (um carro híbrido "verde" que custa mais que o equivalente convencional) e o compararam com o Honda Civic (um carro-padrão equivalente mais barato, mas muito eficiente). Em uma pesquisa realizada em 2007 entre os clientes que tinham comprado o Toyota Prius, anunciado como "o híbrido favorito do planeta", mais de metade dos participantes da pesquisa disseram que a principal razão para comprar o Prius foi que ele "faz uma declaração sobre mim". Apenas um quarto dos clientes comprou o carro porque ele realmente tinha emissões mais baixas. Um proprietário admitiu abertamente: "Eu quero que as pessoas saibam que eu me importo com o meio ambiente" (Maynard, 2007). Em outras palavras, a principal razão para comprar um Prius pode ser a identidade social e a elevação do *status* social por meio da escolha do consumidor.

Griskevicius et al. (2010) investigaram a conexão entre comportamento pró-ambiental e *status* elevado. Os participantes nesse estudo receberam uma "preparação motivacional" sob a forma de uma breve história que era voltada para ativar a motivação de alto *status*. A história pedia que imaginassem que estavam se "formando na faculdade, procurando emprego e decidindo trabalhar em uma grande empresa porque ela oferece a maior probabilidade de progresso". A história continuava descrevendo o lugar de trabalho elegante com seu "saguão luxuoso e belos móveis". Conforme os leitores chegavam ao fim da história, eles "descobrem que teriam uma oportunidade de receber uma promoção desejável. A história termina quando o leitor pondera aumentar seu *status* em relação a seus colegas do mesmo gênero" (2010, p. 395). Em uma condição de controle, também foi pedido aos participantes que lessem uma história de tamanho semelhante que não era planejada para ativar o *status* social. Em vez disso, os participantes "liam sobre perder um ingresso para um show próximo e procurar o ingresso pela casa. Depois que a pessoa encontra o ingresso, ela vai para o show com um colega do mesmo gênero" (2010, p. 395). Havia também uma segunda condição de controle em que os participantes não liam uma história, mas simplesmente tinham de fazer suas escolhas de produto. Depois de várias manipulações, os participantes tinham de imaginar que estavam fazendo compras de três produtos diferentes: um carro, um limpador doméstico e uma lava-louças. Para cada produto, havia uma opção de luxo e uma opção amigável ao meio ambiente. Essas duas opções eram semelhantes em relação ao preço, produzidas pelo mesmo fabricante e tinham três características principais que descreviam o produto. Assim, por exemplo, no caso da lava-louças, a opção de luxo era descrita da seguinte maneira: "Sub-zero ED40 Lava-louças Elite (US$ 1100). Escolha do exterior em aço inoxidável ou branco com acabamento em cromo preto. Tem um sistema de secagem aquecida revolucionário que elimina pontos de água. Tem jatos de água poderosos, mas silenciosos" (2010, p. 404). A versão pró-ambiente era descrita como "Sub-zero Lava-louças Eco-trend (US$ 1100). Tem um ciclo-padrão de operação de 40 minutos. Usa um sistema de água recirculante para economizar água. É fabricada com componentes reciclados". Os participantes viam os produtos em uma tela de computador em ordem randômica e, depois, perguntavam a eles: "Se você estivesse comprando um carro/lava-louças/limpador doméstico, qual desses dois produtos você compraria?"

O estudo revelou que na situação de controle, os participantes tinham mais probabilidade de escolher as opções luxuosas em vez das opções pró-ambientais, enquanto no grupo experimental, em que os participantes foram preparados com a história de motivação de *status*, eles tinham mais probabilidade de escolher a opção pró-ambiental. Os autores concluíram: "A ativação dos motivos de *status* levaram as pessoas a aumentar a probabilidade de escolha de produtos verdes pró-ambiental sobre os produtos não-verdes de maior luxo" (2010, p. 396).

Este estudo nos diz que a escolha do consumidor pró-ambiente pode estar relacionada ao *status* e que é possível preparar essa forma de comportamento. Griskevicius et al. (2010) então consideraram os efeitos de contexto social sobre isso, ao investigar a escolha de "produtos não-verdes de luxo" e "produtos verdes" em um ambiente privado (compras online) em comparação a um ambiente público (compras em um supermercado). Os participantes de novo leram a mesma história designada a preparar a motivação de *status*, com um grupo de controle lendo uma história sem relação a motivação de *status*. Na situação de ambiente privado, foi dito aos participantes para "imaginar que você está comprando online, sozinho em casa" e no ambiente público, foi dito aos participantes para "imaginar que você está fazendo compras no shopping". Os participantes, então, tinham de "indicar suas preferências entre três produtos verdes em comparação a três produtos não-verdes". Os itens eram uma mochila, algumas pilhas e uma luminária. Mais uma vez, cada produto tinha uma alternativa "verde" e uma "não verde" que tinham preços similares e eram fabricados pela mesma empresa. Os resultados revelaram que, quando os participantes na condição de preparação tinham de imaginar que estavam comprando em público, eles mostravam mais preferência pelos produtos verdes, em comparação com os que estavam na situação de controle. Contudo, quando compravam na situação privada, os participantes na situação de preparação na verdade mostravam uma diminuição na preferência pelos produtos verdes. Os autores concluíram que,

> quando as compras são feitas em particular – quando os custos à reputação não eram salientes – a ativação dos motivos de *status* parece aumentar um pouco a atração pelos produtos de luxo (não verdes) . . . os motivos de *status* aumentavam a atração por produtos pró-ambientais especificamente quando as pessoas estavam fazendo compras em público. Quando as pessoas estavam fazendo compras em particular, porém, os motivos de *status* aumentavam o desejo por produtos não verdes, autogratificantes e de luxo. (2010, p. 397)

Em outras palavras, quando as pessoas estavam conscientes de que suas escolhas podiam ser observadas por outros e tinham a possibilidade de influenciar a percepção que as outras pessoas tinham delas, elas tinham maior probabilidade de escolher produtos pró-ambientais.

No próximo estudo dessa série, os pesquisadores investigaram o que acontece com a escolha comportamental quando os itens verdes e não verdes têm preços diferentes. Eles descobriram que os participantes experimentais tinham maior probabilidade de escolher produtos verdes quando eles eram mais caros que os não verdes. Contudo, quando os produtos não verdes eram mais caros e, além disso, a motivação de *status* era ativada, os itens verdes eram selecionados com menor frequência que as contrapartes não verdes mais caras. Em outras palavras, o preço é mais eficaz que características ambientais ao sinalizar *status*.

A pesquisa de Griskevicius e seus colegas sugere que a teoria dos sinais de custo pode confirmar a escolha comportamental pró-ambiental, especialmente na presença de outras pessoas. Em algumas pesquisas recentes, os autores deste livro descobriram que participantes em uma tarefa de compras tinham maior probabilidade de escolher marcas orgânicas ou ecológicas (e marcas de luxo e conhecidas) ao comprar com outras pessoas que ao comprar sozinhos, o que nos diz algo sobre o valor de sinalização de marcas orgânicas ou ecológicas, bem como de marcas de luxo e conhecidas. Eles tinham, porém, uma probabilidade significativamente maior de escolher marcas de valor ao fazer compras sozinhos. Mas o fato de que os produtos de baixa pegada de carbono não funcionaram do mesmo modo é muito interessante. Os participantes tinham uma probabilidade significativamente maior de escolher itens de baixo carbono ao fazer compras sozinhos que ao comprar com amigos (McGuire & Beattie, 2016). A pegada de carbono não sinaliza *status*. Nossa conclusão um pouco pessimista a respeito da pegada de carbono foi que, se estamos querendo promover produtos e estilos de vida de baixo carbono, então precisamos repensar a rotulagem de carbono para que seja mais visível para os consumidores (e nosso "público" quando escolhemos os produtos) e também os *valores* ligados à pegada de carbono. Concluímos que não será suficiente apenas transmitir as informações básicas sobre a pegada de carbono, mas que precisamos mudar as emoções e os valores subjacentes ao assunto. Precisamos tornar moda os estilos de vida de baixo carbono (McGuire & Beattie, 2016, p. 53).

Os fabricantes de cigarros transformaram fumar em moda com várias gerações de anúncios. Eram anúncios sobre sucesso social e popularidade, sobre relaxamento e diversão, sobre o auge da vida e contentamento. Anúncios sobre quem você é e quem você poderia se tornar. Talvez precisemos de anúncios sobre produtos verdes que façam alguma coisa semelhante, que aponte para essa dimensão social, que nos diga algo sobre como podemos nos posicionar em grupos por meio de nossos comportamentos pró-ambientais. Depois de muitas décadas, os produtos orgânicos e ecológicos estão começando a ter essa função de sinalização, então pode ser possível fazer algo sobre os produtos e os estilos de vida de baixo carbono no futuro. Mas eles precisam ser mais visíveis, mais evidentes, não informações em letras miúdas escondidas na parte de trás dos produtos.

Na terminologia de Kahneman, precisamos apelar para o sistema 1 e permitir que nossa resposta imediata, automática e emocional guie nossas escolhas como consumidores. Precisamos mais de uma resposta instantânea.

7

AVALIAÇÃO DA NOSSA VERDADEIRA ATITUDE DIANTE DAS MUDANÇAS CLIMÁTICAS

O CONCEITO DA ATITUDE

Nas duas últimas décadas, como vimos, houve muitas campanhas ligadas às mudanças climáticas, muitas vezes dirigidas por altos graus de otimismo compartilhado por governos, organizações não governamentais e varejistas multinacionais, todos baseando seu otimismo na noção de consumidores racionais e reflexivos – consumidores que sabem o que querem, bons cidadãos que conhecem a própria mente. Dichter teria se retorcido; Kahneman poderia até se contorcer um pouco. Os consumidores racionais que expressaram um grau de preocupação a respeito das mudanças climáticas; os consumidores racionais que estão preparados para mudar sua maneira de agir – pelo menos é isso que eles nos dizem (e eles podem até mesmo acreditar nisso). Os líderes dessas várias campanhas argumentaram que pode ser difícil promover uma grande mudança comportamental (sempre é, dizem eles modestamente), mas certamente é possível. O primeiro passo, dizem eles, é "ler a mente" do consumidor (embora não usem essas palavras exatas) a fim de garantir quais áreas da sociedade (ou de fato todas elas) estão prontas para a mudança. Para fazer isso, eles dizem que precisamos acessar as *atitudes* subjacentes do público diante das mudanças climáticas e do estilo de vida sustentável. "É aí que vamos começar", dizem eles.

O conceito de "atitude" é o elemento decisivo de que tudo mais depende. Uma atitude é definida classicamente como um "estado mental e neural de prontidão organizado pela experiência, exercendo uma influência direta ou dinâmica sobre a resposta do indivíduo a todos os objetos e situações com que está relacionada" (Allport, 1935, p. 810). Leahy, o CEO do Tesco em 2007, afirmou: "Os clientes querem fazer mais na luta contra as mudanças climáticas se pelo menos tornássemos isso mais fácil e mais acessível", e mencionou numerosas pesquisas de mercado que pareciam apoiar sua conclusão. Por exemplo, "70% das pessoas concordam que, se não houver mudança no mundo, logo teremos uma grande crise ambiental" e "78% das pessoas dizem que estão preparadas para mudar seu comportamento para ajudar a limitar as mudanças climáticas" (Downing & Ballantyne, 2007). Esses tipos de achados são muito coerentes. Assim, a pesquisa British Social Attitudes (Atitudes sociais britânicas) (2012) revelou que 76% das pessoas "acreditam que as mudanças climáticas estão acontecendo, e que os seres humanos são responsáveis, pelo menos parcialmente". Mais recentemente, o Departamento de Energia e Mudanças Climáticas (2015) no Reino Unido descobriu que 66% das pessoas "relataram sentir-se muito ou bastante preocupadas com as mudanças climáticas" em uma pesquisa que realizou 1.981 entrevistas presenciais em domicílio.

Então, Leahy estava baseando sua iniciativa planejada, que era a rotulagem dos produtos Tesco, na leitura da mente dos consumidores ("eles estavam preparados para mudar seu comportamento" etc.). Do mesmo modo, o governo britânico, por meio do Department of Environment, Food and Rural Affairs (Defra), começou com a suposição muito boa de que "a ação política precisa estar enraizada em compreensão e consciência de comportamento do consumidor' (2008, p. 22). Eles argumentaram que precisamos nos concentrar na capacidade e na disposição das pessoas para agir e, então, eles também se envolveram em leitura da mente. "Muitas pessoas estão dispostas a fazer mais para limitar seu impacto ambiental, elas têm um nível muito mais baixo de compreensão sobre o que elas podem fazer e o que faria diferença" (2008, p. 28). Depois de ler a mente dos consumidores e, mas palavras de Allport, avaliar o "estado mental e neural de prontidão" (identificar "uma atitude subjacente positiva para o ambiente" neste caso), eles realizaram diversas análises de segmentação. Essas análises foram usadas para segmentar a população em grupos identificáveis com diferentes perfis socioeconômicos, hábitos de consumo e padrões de consumo de mídia, e diversas campanhas foram planejadas, visando a cada um dos segmentos. Contudo, elas não funcionaram.

Agora, qual poderia ser o motivo? O argumento que temos reunido neste livro é que a mente humana é dividida em dois sistemas cognitivos distintos, cada um com propriedades e modo de operação próprios, e um desses sistemas não é aberto à introspecção. Essa pode ser a razão pela qual muitas iniciativas visando à adaptação comportamental às mudanças climáticas têm falhado. Elas fizeram a suposição básica errada sobre a psicologia dos seres humanos.

A LACUNA ENTRE VALOR E AÇÃO

Essa hipótese poderia ajudar a explicar muitas coisas. Pense primeiro em um dos principais problemas na literatura sobre atitude e comportamento. Por que as pessoas relatam ter atitudes positivas em relação ao meio ambiente, mas depois fazem muito pouco para atenuar os efeitos de seu próprio estilo de vida sobre ele – a chamada lacuna entre valor e ação? Essa lacuna entre "valor e ação" emerge repetidamente na literatura de pesquisa na área de consumo e em outras áreas em muitos países (McGuire & Beattie, 2018). O relacionamento entre o comportamento ambiental *real* e relatos pessoais desse comportamento muitas vezes é problemático. Por exemplo, Tsakiridou et al. (2008) exploraram o relacionamento entre as atitudes e os comportamentos em relação aos produtos orgânicos. Eles descobriram que 50% dos participantes *relatavam* que preferiam comprar produtos orgânicos, mas isso era refutado pelos dados de consumo reais, pois apenas uma pequena proporção daqueles que expressavam uma atitude positiva em relação aos produtos orgânicos de fato os comprava. Kormos e Gifford (2014) realizaram uma metanálise da validade das medidas autodeclaradas de comportamento pró-ambiental e concluíram que "os relatos pessoais são apenas fracamente associados com o comportamento real" (2014, p. 360). Eles identificaram alguns dos fatores responsáveis por esse fraco relacionamento, incluindo o fato de que as medidas autodeclaradas podiam "tender ao exagero" e isso porque as medidas autodeclaradas são "subjetivas por natureza; descritores como '*Frequentemente*' podem significar coisas diferentes para participantes diferentes" (2014, p. 360). Além disso, os relatos pessoais de comportamento podem "refletir percepções individuais de seus comportamentos, intenções comportamentais ou outras – às vezes falsas – crenças e atitudes, em vez de comportamento objetivo" (2014, p. 360). Eles também dizem que "memória ou conhecimento limitador também podem reduzir a exatidão dos relatos pessoais" (2014, p. 360).

Existem modos claramente diferentes de tentar resolver essa lacuna entre "valor e ação". Você poderia supor que tem uma boa medida de sua atitude subjacente, mas o que você precisa fazer é adicionar outros componentes psicológicos ao modelo, como normas subjetivas (crenças sobre como os outros vão se comportar) e controle comportamental percebido (se você acha que seu comportamento fará diferença), em uma tentativa de aumentar o poder preditivo dele (Ajzen & Fishbein, 1980). Ou então, você pode considerar outras características econômicas, de marketing ou comerciais dos produtos (como preço, qualidade, conveniência e familiaridade da marca) que podem afetar a escolha do consumidor e considerar a influência dessas características no modelo de uma maneira interativa.

A MEDIDA ERRADA DE ATITUDE?

Contudo, existe, é claro, outra possibilidade: talvez estejamos medindo as atitudes de modo errado ou o tipo errado de atitude. De fato, poderíamos questionar se nosso "estado mental e neural de prontidão" está aberto a introspecção, e se podemos ter a esperança de relatá-lo com exatidão em pesquisas. O próprio Allport pareceu mostrar alguma percepção disso em seu livro clássico de 1935. Ele escreveu:

> A escassez com que as atitudes são representadas na consciência resultou em uma tendência a olhá-las como manifestações da atividade cerebral ou da mente inconsciente. A persistência das atitudes que são totalmente inconscientes foi demonstrada por Müller e Pilzecker (1900). (Allport, 1935, p. 801)

Ele claramente não desconsiderou o conceito da atitude inconsciente, mas optou por se concentrar exclusivamente na medição de atitudes com questionários de autodeclaração. Um dos autores argumentou em outro local (Beattie, 2013) que as razões dele para esse foco específico foram acadêmicas e também muito pessoais, mas o legado de Allport definiu a medição de atitudes em psicologia e disciplinas relacionadas por muitas décadas que se seguiram.

Mas o interesse "na escassez com que as atitudes são representadas na consciência", em outras palavras, "cognição implícita", tem crescido nos últimos anos, e isso pode nos levar a pensar de modo muito diferente sobre a lacuna entre "valor e ação". Essa pesquisa pode algum dia nos dizer que a lacuna entre "valor e ação" não existe de fato porque estamos medindo e incluindo a medida errada de "valor" para começo de conversa. Kahneman, como já vimos, argumenta que, como seres humanos, não entendemos necessariamente as causas e as operações de nossas próprias cognições e condutas por causa dessa divisão fundamental em nossos processos cognitivos.

> Quando pensamos em nós mesmos, nos identificamos com o sistema 2, o eu consciente e racional que tem crenças, faz escolhas e decide o que pensar e o que fazer. Embora o sistema 2 acredite estar onde a ação acontece, o sistema 1 automático . . . está gerando sem esforço impressões e sentimentos que são as fontes principais das crenças explicitas e das escolhas deliberadas do sistema 2. (2011, p. 21)

Greenwald (1990) considerou os efeitos acumulados de toda essa ativação associativa para atitudes, nosso "estado mental e neural de prontidão", e argumentou que podemos ter atitudes implícitas formadas sobre processos tão básicos que não estão disponíveis para introspecção e são, de fato, inconscientes. O problema com essas teorias sobre atitudes implícitas foi que não tínhamos como acessar nem medir as atitudes implícitas confiavelmente, até que Greenwald desenvolveu uma tarefa baseada em tempo de reação para medir as conexões associativas chamada Teste de Associação Implícita (Implicit Association Test – IAT) (Greenwald et al., 1998). A premissa básica é que, quando os participantes categorizam itens em dois conjuntos de conceitos emparelhados, se os conceitos emparelhados forem intensamente associados, os participantes devem ser capazes de categorizar os itens mais depressa e com menos erros que se eles não forem intensamente associados (ver Figura 7.1 para um exemplo de um IAT de pegada de carbono alta/baixa).

Em alguns domínios, atitudes explícitas relatadas conscientemente e atitudes implícitas, medidas por meio da velocidade de associação, são correlacionadas (embora o tamanho da correlação varie). Contudo, em muitos outros domínios, parece haver pouca ou nenhuma correlação entre as duas medidas, e isso levou Greenwald e Nosek (2008) a sugerir que atitudes explícitas e implícitas podem ser "dissociadas". Quando se trata de mudanças climáticas, parece não haver correlação significativa entre medidas implícitas e explícitas, desta vez em termos de atitude diante da pegada de carbono. Alguns argumentam que isso não é surpreendente e que atitudes explícitas e implícitas refletem os dois sistemas muito diferentes de processamento de informações descritos por Kahneman e outros, com diferentes processos de aquisição. As atitudes implícitas são baseadas em um sistema associativo de aprendizagem lenta, enquanto as atitudes explícitas são baseadas em um sistema de aprendizagem rápida, que usa lógica de nível mais elevado e representações simbólicas. Rydell e McConnell (2006) demonstraram que você pode mudar atitudes implícitas e explícitas com diferentes tipos de informações. Informações verbais conscientemente acessíveis sobre um alvo mudam a atitude explícita em relação a esse alvo, enquanto impressões apresentadas subliminarmente "refletindo o acúmulo progressivo de pares de atitudes de avaliação de objetos" mudam a atitude implícita em relação a eles. Você pode até mudar as atitudes implícitas e explícitas em direções opostas usando informações associativas abaixo do nível da percepção consciente para mudar as atitudes implícitas e material verbal processado conscientemente (em oposição a isso) para mudar as atitudes explícitas.

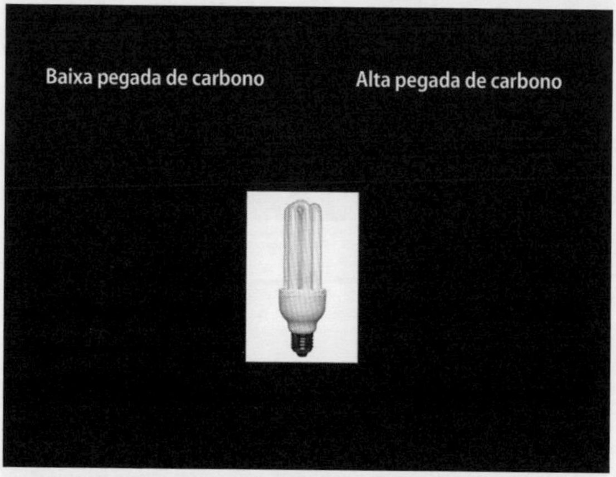

a)

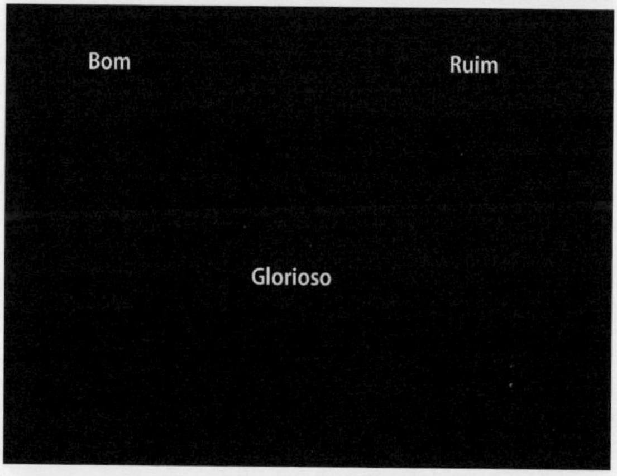

b)

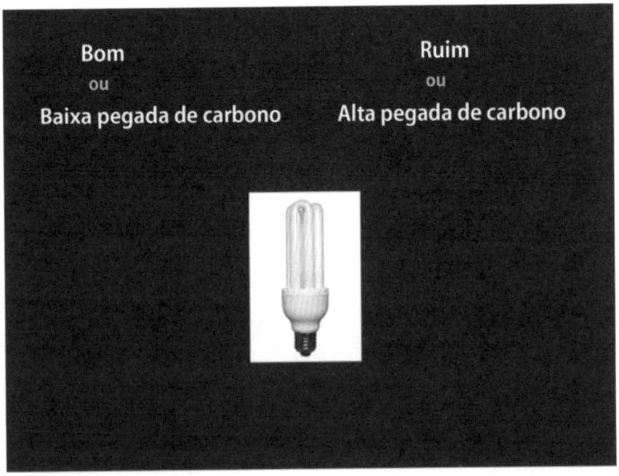

c)

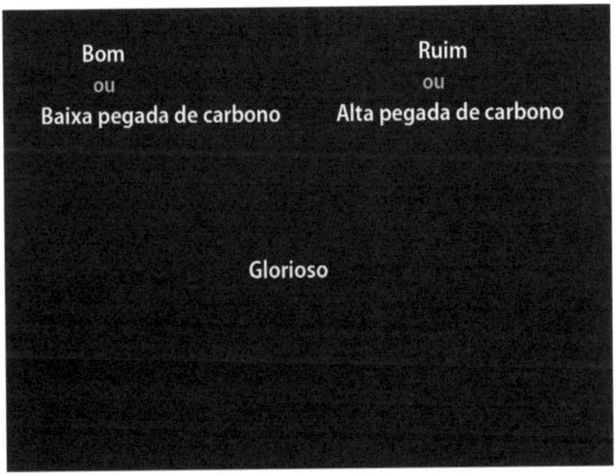

d)

Figura 7.1 Exemplo de um IAT de pegada de carbono (de Beattie, 2010).

Então, quais são as possíveis implicações desse "eu dividido" – de não ter um, mas dois tipos subjacentes de atitude – para o comportamento em geral e, mais especificamente, para o comportamento de consumidor no contexto da ameaça das mudanças climáticas? Os dois tipos de atitudes podem ser relevantes para o comportamento, mas sob diferentes conjuntos de circunstâncias, e isso é o que a pesquisa empírica parece sugerir. As atitudes autodeclaradas podem prever o comportamento sob determinadas situações, especialmente quando as pessoas têm a *motivação* e a *oportunidade* de deliberar antes de fazer uma escolha comportamental (Fazio et al., 1995), mas elas não se saem tão bem ao prever o comportamento espontâneo sob pressão de tempo ou quando os consumidores estão sob qualquer tipo de carga cognitiva ou emocional. Infelizmente, pressão de tempo, carga cognitiva e ausência de oportunidade para deliberar caracterizam muito da compra cotidiana em supermercados. Fazer compras no supermercado raramente é considerado um processo lento, deliberado e reflexivo; o consumidor passa por cerca de trezentas marcas por minuto, e cada escolha individual é muitas vezes rápida e automática. Nesses contextos, atitudes *implícitas* mantidas inconscientemente podem ser um previsor melhor do comportamento real do consumidor que atitudes explícitas, com uma atitude implícita definida como "o não identificado introspectivamente . . . traço da experiência passada que media ***R*** [em que ***R*** é a resposta – o sentimento, pensamento ou ação favorável ou desfavorável em relação ao objeto social]" (Greenwald & Banaji, 1995, p. 5). Em outras palavras, o comportamento habitual do consumidor sem muita oportunidade ou motivação para deliberar pode ser dirigido por processos que não estão abertos à introspecção e, portanto, não são percebidos por medidas autodeclaradas. Eles requerem um tipo de medida diferente. Nas palavras de Greenwald e Banaji (1995, p. 5), "As investigações da cognição implícita exigem medidas indiretas, que não informam o sujeito sobre o que está sendo avaliado nem pedem um relato pessoal em relação a isso".

O conceito de atitude implícita nos dá um modo diferente de pensar sobre a base motivacional para a ação humana e poderia ser um elemento crucial na luta contra as mudanças climáticas. As atitudes implícitas, em vez das explícitas, podem muito bem ser a base dos comportamentos habituais cotidianos dos consumidores. Esses comportamentos podem ser "pegajosos", no jargão sociológico, porque tentativas de mudar as atitudes e o comportamento só se focam em certos tipos de mensagens, ignorando as redes associativas do sistema implícito. Recentemente estivemos investigando como as atitudes implícitas se relacionam com o modo como processamos as informações relevantes para as mudanças climáticas, supondo que o processamento de informações relevantes seja o ponto de partida de todo o processo de mudança comportamental. Existem muitas mensagens persuasivas disponíveis sobre as mudanças climáticas, mas o que acontece se as pessoas não veem esses tipos de mensagens? Vimos que a disposição para o otimismo tem um efeito sobre isso, mas o que mais?

ATITUDES IMPLÍCITAS E COMPORTAMENTO

Em um estudo, nós tentamos determinar como os movimentos oculares na direção de imagens icônicas de danos ambientais e mudanças climáticas ou se afastando delas são afetados pelas atitudes explícitas *versus* implícitas (Beattie & McGuire, 2012). Fizemos isso projetando *slides* em uma tela de computador. Cada *slide* continha três imagens: uma imagem positiva da natureza, uma imagem negativa de mudanças climáticas e danos ambientais, e uma imagem neutra (coisas como fotos de xícaras, pratos e outros objetos cotidianos). Descobrimos que as pessoas não se focam excessivamente nas imagens negativas de danos ambientais quando existem outras imagens positivas e neutras disponíveis. Elas geralmente olham menos de 40% do tempo para as imagens negativas. Contudo, um aspecto muito importante é que as pessoas com atitudes implícitas positivas fortes em relação à pegada de carbono tendiam significativamente mais a se concentrar nas imagens negativas de danos ambientais e mudanças climáticas que nas imagens positivas. Também descobrimos que as pessoas com uma atitude implícita positiva diante de produtos de baixa pegada de carbono olhavam mais para as imagens negativas de mudanças climáticas e dano ambiental nos primeiros 200 milissegundos em comparação com as pessoas com atitudes implícitas positivas menos fortes diante dos produtos de pegada de baixo carbono. Contudo, as medidas de atitude explícita não previram os padrões de movimento ocular na direção das imagens negativas desse modo. Parece que aqueles que têm atitudes implícitas fortes favoráveis a baixo carbono estão preparados para lidar com esses tipos de imagens, enquanto aqueles com atitudes explícitas fortes não estão (eles realmente olham menos).

Mais recentemente, consideramos a relação entre atitudes explícitas e implícitas e fixação visual de rótulos de carbono em produtos (Beattie & McGuire, 2015). Nós descobrimos que não existia uma relação significativa entre atitude explícita ou implícita em relação a pegada de carbono e a quantidade geral de atenção dedicada ao rótulo de carbono. Porém, existia uma associação estatística significativa entre nossa medida de atitude *implícita* e o alvo da primeira fixação. Os indivíduos com a atitude implícita mais positiva tinham maior probabilidade de fixar primeiro as informações da pegada de carbono (em vez de "energia" ou "preço") em comparação com as pessoas com uma atitude implícita mais negativa. As pessoas com a atitude implícita mais positiva tiveram uma média de 7,0 primeiras fixações na pegada de carbono, enquanto as com a atitude implícita menos positiva tiveram uma média de 4,5 primeiras fixações na pegada de carbono. Porém, essa associação não ocorreu com a atitude explícita. As pessoas com a atitude explícita mais positiva tiveram uma média de 5,3 primeiras fixações na pegada de carbono, enquanto aquelas com a atitude explícita mais negativa tiveram uma média de 6,5 primeiras fixações na pegada de carbono. Essa diferença estava na direção errada e não era significativa. Mais uma vez, encontramos evidências de que medidas da atitude implícita, mas não medidas da atitude explícita, previam os padrões de movimentos oculares inconscientes.

Essa pesquisa abre a possibilidade de que podemos ter atitudes implícitas contrárias ao que relatamos (e de fato contrárias ao modo como pensamos sobre nós mesmos), que podem mesmo assim influenciar nosso comportamento cotidiano. Mas a pergunta permanece: em que medida essas atitudes implícitas preveem a escolha do consumidor? Em um estudo muito simples, Beattie e Sale (2011) descobriram que, quando se pedia aos participantes para escolher entre uma bolsa de mercadorias de alto carbono e outra de baixo carbono no final de um experimento medindo atitudes, aqueles com uma atitude implícita forte favorável a baixo carbono tinham maior tendência a escolher a bolsa de mercadorias de baixo carbono, mas só sob pressão de tempo. Resultados muito similares foram relatados por Friese et al. (2006), que também revelaram que a atitude implícita previu a escolha de um presente (um presente "genérico" *versus* um presente "de marca") por participarem do experimento, mas de novo apenas sob pressão de tempo. Esses resultados são interessantes, mas, é claro, nos dizem muito pouco sobre como as pessoas vão se comportar em uma situação de escolha de consumidor real, por diversas razões. Primeiro, em termos do que poderia ser chamado de considerações ecológicas amplas, os produtos de consumo são caracterizados por diversas dimensões diferentes (marca, valor, gosto, características saudáveis, implicações ambientais etc.), todas operando simultaneamente, que poderiam afetar a escolha do consumidor nos níveis associativo e mais racional. A publicidade é usada para construir marcas (sejam marcas famosas, marcas de luxo, marcas orgânicas ou ecológicas ou marcas de valor) de maneira associativa (Aaker & Biel, 2013), e quando se trata da escolha do consumidor sob pressão de tempo, mesmo quando o sistema 1 poderia estar mais ativo, essas outras associações podem superar as associações implícitas relacionadas com nossas atitudes em relação a pegada de carbono. Em segundo lugar, em termos de considerações experimentais, tanto em Friese et al. (2006) quanto em Beattie e Sale (2011), a escolha da recompensa foi deixada para o final do experimento. Nesse ponto, poderia ter ficado aparente para os participantes que o experimento estava medindo atitudes em relação a alguns atributos dos produtos, o que poderia ter produzido algumas características de demanda sobre o que era ou não o comportamento apropriado.

É claro que, apesar desses pontos, os dois estudos sugeriram que a pressão de tempo é uma variável crítica nesse domínio e que as atitudes implícitas poderiam ser mais preditivas do comportamento quando o tempo não está livremente disponível e quando certamente há pouca oportunidade para deliberar. Isso pode ter relevância particular para a escolha do consumidor, em especial nos supermercados, onde grande parte das compras cotidianas acontece nos países ocidentais desenvolvidos. Esses tipos de considerações formaram a base de outro estudo dos autores deste livro (Beattie & McGuire, 2016), em que analisamos a escolha do consumidor por marcas reais como uma função do tempo e também como uma função das atitudes implícitas e explícitas. Neste estudo, descobrimos que os consumidores são muito sensíveis às informações de marca e valor na seleção dos produtos.

As marcas escolhidas com mais frequência sem pressão de tempo eram as mais conhecidas – Heinz, Kellogg's, Hovis etc. (escolhidas em 38,0% de todas as seleções, com quatro alternativas possíveis) –, seguidas pela marca de valor (32,4%). Significativamente, mais abaixo na lista estavam as marcas orgânicas e ecológicas com 17,0% e, por fim, as marcas de luxo com 12,6%. Quando a escolha comportamental era feita sob pressão de tempo, essa tendência se tornou até mais pronunciada, e as marcas conhecidas foram selecionadas com frequência ainda maior (indicando o poder da publicidade para promover o reconhecimento de marca). As marcas conhecidas eram agora escolhidas em 42,8% de todos os casos e as marcas de valor, em 31,4% do tempo (um pouco menos). As marcas orgânicas e ecológicas estavam agora no último lugar, apenas 10,4% das escolhas (ver a Figura 7.2).

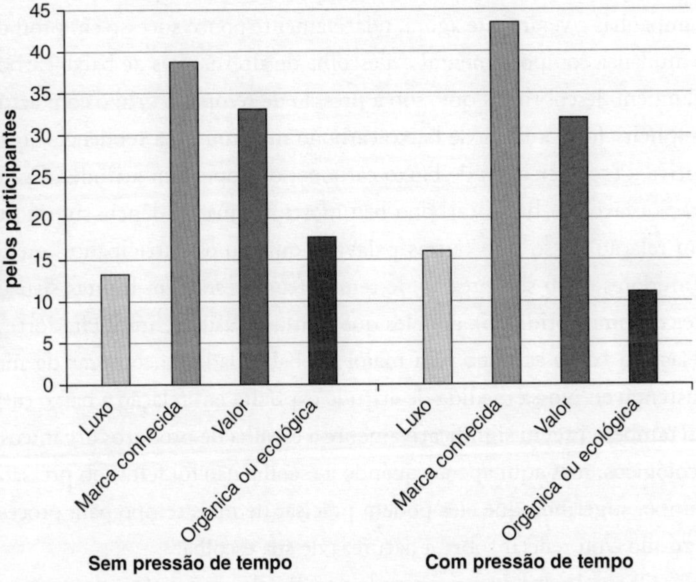

Figura 7.2 Escolha do consumidor ao fazer compras – sem pressão de tempo e com pressão de tempo (extraída de Beattie & McGuire, 2016).

Essa dimensão de tempo (tão característica de grande parte das compras em supermercado) tinha um efeito estatístico significativo nas escolhas do consumidor em termos da seleção de marcas conhecidas em comparação a marcas orgânicas e ecológicas. Sob a pressão de tempo, os consumidores tendiam significativamente mais a escolher marcas de luxo e significativamente menos a escolher marcas orgânicas e ecológicas. Considerando os aspectos sociais e temporais das compras em supermercado, muitas vezes caracterizadas por uma pressão de tempo significativa, essa não é uma conclusão otimista em relação a escolhas sensíveis do ponto de vista ambiental.

Nós também descobrimos que os participantes em nosso estudo com atitude implícita positiva em relação à pegada de carbono foram guiados pelas pegadas de carbono com códigos de cor, mas não pelos valores numéricos da pegada de carbono, representando as gradações de alto e baixo carbono. Considerando que a maioria dos países não introduziu a pegada de carbono com código de cor, mas optou pelos valores numéricos em um fundo liso, isso pode muito bem explicar por que essas campanhas tiveram, até agora, relativamente pouco sucesso em promover a mudança comportamental e a escolha de alternativas de baixo carbono. Também descobrimos que, sob a pressão de tempo, o grupo com atitude implícita forte a favor de baixo carbono mostrou uma tendência significativa a escolher itens de baixo carbono; o grupo com atitude implícita fraca a favor de baixo carbono não mostrou uma tendência significativa em relação a isso. Em outras palavras, quando os participantes ou consumidores estão sob pressão de tempo (como estão em muitas situações de consumo cotidiano), aqueles que têm uma atitude implícita forte em relação a baixo carbono têm maior probabilidade de comprar de modo sustentável. Nossa medida de atitude explícita em relação a baixo carbono também previu significativamente a escolha de produtos orgânicos ou ecológicos, mas aqui apenas quando a escolha não foi feita sob pressão de tempo, sugerindo que eles podem precisar de mais tempo para processar o rótulo e/ou refletir sobre a natureza de sua escolha.

Os resultados do nosso estudo nos dão alguns *insights* quanto às variáveis que afetam a escolha do consumidor e ajudam a indicar as medidas atitudinais que podem permitir prever o comportamento mais sustentável do consumidor. No caso das atitudes implícitas medidas com o IAT, se poderia dizer que é extraordinário que uma mera medida de tempo de reação, que simplesmente computa o tempo de resposta em uma tarefa de categorização, possa prever alguma coisa em outro domínio. Contudo, a medida simples prevê a escolha de itens de baixo carbono e até prevê a escolha de produtos orgânicos ou ecológicos (pelo menos quando existe mais tempo para que o consumidor reflita). A vantagem dessa medida simples é que os participantes não parecem tão capazes de distorcê-la por motivos de desejabilidade social, a fim de parecer mais "verdes" do que realmente são, em comparação com as medidas autodeclaradas. Isso pode, portanto, nos fornecer uma ferramenta diagnóstica simples para testar a prontidão real do público para ser verde na luta contra as mudanças climáticas, e isso poderia vir a se tornar muito importante de fato. Seria possível imaginar refazer as análises de segmentação do Defra e de outras organizações líderes em que se tentou fazer o perfil da população em termos de atitudes explícitas e implícitas, em vez de se basear apenas naquilo que as pessoas dizem (ver a Figura 7.3).

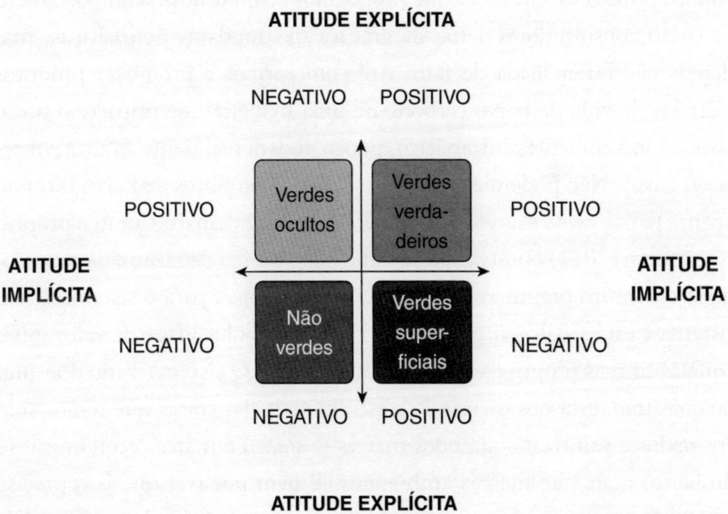

Figura 7.3 Exemplo de análise de segmentação de atitude implícita e atitude explícita.

É claro que a pesquisa também levanta alguns problemas muito gerais sobre se os consumidores estão dissociados em vários aspectos e se realmente existem dois sistemas separados (mas potencialmente em interação) de atitudes inconscientes/implícitas e conscientes/explícitas. Parece que, em alguns domínios, essa ideia de atitudes implícitas, derivadas das várias conexões associativas e operando inconscientemente junto de nossas atitudes mais reflexivas (e de fato conflitando com elas às vezes), poderia ter alguma credibilidade (Beattie, 2013). Essa visão, afinal de contas, poderia não surpreender os psicólogos que trabalharam na década de 1930 com alguns dos principais fabricantes de cigarros para promover o fumo (subliminarmente) por meio da associação do tabagismo com sucesso social, aceitação social, masculinidade ou feminilidade e confiança. Isso poderia nem mesmo surpreender Gordon Allport em seu trabalho pioneiro sobre o racismo e "o conflito interno" (Allport, 1954). Essa é com certeza uma ideia que vale a pena explorar mais no domínio do consumo e das mudanças climáticas. Se realmente temos um "eu dividido" no que se refere a nossas atitudes subjacentes em relação ao meio ambiente, então isso pode ser crucial na batalha contra as mudanças climáticas. Afinal de contas, muitos dizem saber que precisamos adaptar nosso comportamento como consumidores à luz da ameaça das mudanças climáticas, mas depois não fazem nada de fato. Até começarmos a promover produtos e estilos de vida de baixo carbono de uma maneira que impacte o nosso sistema inconsciente, automático, pouco poderá realmente mudar em relação a isso. Não podemos deixar a escolha de produtos de baixo carbono apenas para a razão e a reflexão; poderia ser tarde demais. Como o próprio Kahneman (2011) observou, o sistema 2 (o sistema da razão e da reflexão) pode ser muito preguiçoso; ele deixa muitas coisas para o sistema 1, e o sistema 1 está atualmente priorizando marcas conhecidas e de valor sobre aquelas com as propriedades ambientais certas. O sistema 1, no domínio do consumo, está nos dirigindo a escolher aquelas coisas que temos sido ensinados a valorizar – grandes marcas (e *status*) e marcas econômicas (e dinheiro) mais que marcas ambientais. É bem possível que isso precise mudar. Certamente, devemos continuar escrevendo (e lendo) os editoriais em jornais de qualidade sobre mudanças climáticas e o que todos precisamos fazer. Mas, ao mesmo tempo, devemos pensar sobre como promover estilos de vida de baixo carbono como algo relacionado com um novo tipo de *status* social, divertido, sexy, necessário, afetivo, cooperativo, inteligente, perceptivo, confiante, algo que se precisa ter, a próxima coisa importante, uma nova revolução, de uma maneira que o sistema 1 possa notar, e garantir que seja mais público para nos permitir sinalizar nossos comportamentos verdes. Além disso, se tivermos de tomar emprestado dos anos do sucesso (assustador) da indústria do cigarro na promoção do tabagismo e aprender com o modo como eles usaram as redes associativas, então que seja. Pelo menos, saberemos que isso foi bom para alguma coisa. Eles sabiam que havia dois níveis de processamento, um consciente e outro inconsciente; nós estamos aos poucos acordando para essa ideia.

8

COMENTÁRIOS FINAIS

As mudanças climáticas são o problema mais premente que enfrentamos atualmente – e que já enfrentamos até hoje. A ciência nos diz (sem ambiguidade) como esse problema é grave e qual efeito ele terá sobre nosso planeta. E, no entanto, as respostas do público e de alguns políticos têm sido extraordinariamente intensas. A preocupação com as mudanças climáticas parece ter diminuído nos últimos anos, em vez de aumentar, enquanto as evidências científicas ficaram mais fortes. Essa mudança na direção da preocupação parece ter ocorrido por volta da época do Protocolo de Quioto, e da ameaça econômica às empresas de energia e outras grandes empresas, e da emergência posterior de um vigoroso "debate" a respeito do tópico, que espelha um debate anterior similar sobre os efeitos prejudiciais do fumo (que, com a passagem do tempo, parece simplesmente ridículo). O público está se tornando mais polarizado em relação às mudanças climáticas em termos de suas crenças e suas atitudes, e muitas pessoas não veem essas mudanças como algo que vá afetá-las – talvez as gerações futuras ou os países distantes sejam afetados, mas não elas pessoalmente. Muitas campanhas foram testadas sem nenhum sucesso real para causar mudanças. Também existe uma desconexão muito intensa entre as atitudes relatadas por aqueles que acreditam nas mudanças climáticas e querem fazer algo e suas ações subsequentes.

Tentamos abordar muitos desses problemas neste livro curto. Nós consideramos os desvios cognitivos e sociais, e como as pessoas mantêm aquele brilho quente de otimismo à luz de evidências científicas convincentes que refletem os efeitos devastadores das mudanças climáticas. Discutimos o efeito de falso consenso, em que todos nós parecemos acreditar que somos a maioria e que as pessoas que não compartilham da nossa visão são estranhas e diferentes de algum modo. Revisamos as evidências de que a emoção e as respostas automáticas guiam o que nós vemos, o que lembramos e como contextualizamos posteriormente o problema. Consideramos um problema fundamental com seres humanos, o fato de eles não terem de fato uma mente no fim das contas. Eles têm dois conjuntos distintos de processos cognitivos, e a dificuldade com muitos dos trabalhos psicológicos que embasam as campanhas de mudanças climáticas, e a rotulagem de carbono e todos os bons conselhos a respeito da redução da pegada de carbono, é que esse fato básico não tem sido reconhecido. O problema com muitos aspectos do comportamento cotidiano do consumidor é que eles são muito rápidos e automáticos, e são essas respostas automáticas que precisamos trabalhar e mudar por meio das campanhas de mudanças climáticas. Nós precisamos repensar como vender os estilos de vida verdes para afetar esses processos automáticos e rápidos, e oferecer e promover os aspectos positivos de mudar o comportamento para torná-lo mais amigável em relação ao meio ambiente. Tem havido foco demais nos aspectos negativos e ênfase demasiada na culpa e no medo, sem oferecer uma alternativa positiva recompensadora. Examinamos o setor de fabricação de cigarros para ver como eles visaram à mente inconsciente nos dias em que a psicologia como uma disciplina tinha desconsiderado essa abordagem como pouco científica. Gordon Allport, fundador da psicologia social, sempre supôs que as explorações das motivações inconscientes levariam a psicologia para um beco sem saída (depois das tentativas desajeitadas de Freud de *analisá-lo*). No final, foi um psicanalista, Ernest Dichter, que explorou o poder das motivações inconscientes para vender cigarros, e fez isso com eficiência espetacular e implacável. Ao mesmo tempo, ele reconheceu que também temos uma mente racional e alimentou essa mente racional com desinformação suficiente ("existe uma variável de confusão no relacionamento entre fumo e câncer de pulmão – culpa, estresse, personalidade, escolha a que preferir") para permitir que as pessoas desfrutassem o hábito de fumar e aliviassem sua própria culpa pessoal. Recentemente, a psicologia retornou a um reconhecimento dos processos duais na mente, impulsionado enormemente pelo trabalho de Daniel Kahneman, ganhador do Prêmio Nobel, e isso pode trazer algumas pistas de como podemos proceder no futuro.

Todos podemos apresentar o caso racional das mudanças climáticas. O Painel Intergovernamental sobre Mudanças Climáticas (IPCC) tem feito isso há anos. Mas isso não é o bastante. E quando você lembra aqueles que dirigem campanhas climáticas disso, eles meramente atingem a audiência com grandes porções de medo ou culpa, como se essas fossem as únicas alternativas. Em vez disso, precisamos pensar de uma maneira diferente sobre como promover comportamentos pró-ambientais, com mensagens sutis e sofisticadas sobre como a ação pró-ambiental conjunta nos une (como o fumo), ajuda a nos conectar (como o fumo), ajuda a termos mais *status* (como o fumo), nos torna mais bem-sucedidos (como o fumo) e nos oferece um futuro longo e saudável (ao contrário do fumo).

Há alguns anos, ouvimos Paul Polman, CEO da Unilever, afirmar em uma conferência: "Não existe lucro em um planeta morto". Foi simples e direto desse jeito, e isso, como se diz em contexto empresarial, é o ponto principal. Precisamos ser mais implacáveis em fazer com que as pessoas reconheçam a ameaça usando técnicas sofisticadas de marketing social, tomando as ideias emprestadas de onde for necessário, inclusive os fabricantes de cigarros (e você pode imaginar a reação deles!).

Pode ser que então, e só então, Donald Trump entenda a mensagem.

LEITURAS RECOMENDADAS

LIVROS

Beattie, G. (2018). *The conflicted mind: And why psychology has failed to deal with it*. London: Routledge.

Hoffman, A. J. (2015). *How culture shapes the climate change debate*. Stanford: Stanford University Press.

Kahneman, D. (2011). *Thinking, fast and slow*. London: Penguin.

Marshall, G. (2015). *Don't even think about it: Why our brains are wired to ignore climate change*. London: Bloomsbury Publishing.

Oreskes, N., & Conway, E. M. (2010). *Merchants of doubt*. London: Bloomsbury.

FILMES

O mercado da dúvida (2014)
Uma verdade inconveniente (2006)
Uma verdade mais inconveniente (2017)

REFERÊNCIAS

Aaker, D. A., & Biel, A. L. (2013). *Brand equity & advertising: Advertising's role in building strong brands*. London: Psychology Press.

Ajzen, I., & Fishbein, M. (1980). *Understanding attitudes and predicting social behaviour*. London: Prentice Hall.

Allport, G. W. (1954). *The nature of prejudice*. Oxford: Addison-Wesley.

Allport, G. W. (1935). Attitudes. In C. Murchison (Ed.), *A handbook of social psychology*. Worcester, Massachusetts: Clark University Press.

Barthes, R. (1957). *Mythologies* (A. Lavers, trad.). New York: Hill.

Beattie, G. (2010). *Why aren't we saving the planet? A psychologist's perspective*. London: Routledge.

Beattie, G. (2011). Making an action film. Do films such as Al Gore's *An Inconvenient Truth* really make any difference to how we think and feel about climate change? *Nature Climate Change*, *1*, 372-374.

Beattie, G. (2012). Psychological effectiveness of carbon labelling. *Nature Climate Change*, *2*, 214-217.

Beattie, G. (2013). *Our racist heart? An exploration of unconscious prejudice in everyday life*. London: Routledge.

Beattie, G. (2016). How Donald Trump bullies with his body language. *The Conversation*. http://theconversation.com/how-donald-trump-bullies-with-his-body-language-664681. Acesso em: 16 mar. 2018.

Beattie, G. (2017). The psychology behind Trump's awkward handshake... and how to beat him at his own game. *The Conversation*. http://theconversation.com/the-psychology-behind-trumps-awkward-handshake-and-how-to-beat-him-at-his-own-game-73143. Acesso em: 22 maio 2018.

Beattie, G. (2018). *The conflicted mind: And why psychology has failed to deal with it*. London: Routledge.

Beattie, G., Marselle, M., McGuire, L., & Litchfield, D. (2017). Staying overoptimistic about the future: Uncovering attentional biases to climate change messages. *Semiotica, 218,* 21-64.

Beattie, G., & McGuire, L. (2011). Are we too optimistic to bother saving the planet? The relationship between optimism, eye gaze and negative images of climate change. *International Journal of Environmental, Cultural, Economic and Social Sustainability*, 7, 241-256.

Beattie, G., & McGuire, L. (2012). See no evil? Only implicit attitudes predict unconscious eye movements towards images of climate change. *Semiotica*, *192*, 315-339.

Beattie, G., & McGuire, L. (2015). Harnessing the unconscious mind of the consumer: How implicit attitudes predict pre-conscious visual attention to carbon footprint information on products. *Semiotica*, *204*, 253-290.

Beattie, G., & McGuire, L. (2016). Consumption and climate change: Why we say one thing but do another in the face of our greatest threat. *Semiotica*, *213*, 493-538.

Beattie, G., McGuire, L., & Sale, L. (2010). Do we actually look at the carbon footprint of a product in the initial few seconds? An experimental analysis of unconscious eye movements. *The International Journal of Environmental, Cultural, Economic and Social Sustainability*, 6, 47-66.

Beattie, G., & Sale, L. (2011). Shopping to save the planet? Implicit rather than explicit attitudes predict low carbon footprint consumer choice. *The International Journal of Environmental, Cultural, Economic and Social Sustainability*, 7, 211-232.

Beattie, G., Sale, L., & McGuire, L. (2011). An inconvenient truth? Can extracts of film really affect our psychological mood and our motivation to act against climate change? *Semiotica*, *187*, 105-126.

Bechara, A., Damasio, H., Tranel, D., & Damasio, A. R. (1997). Deciding advantageously before knowing the advantageous strategy. *Science*, *275*, 1293-1295.

British Social Attitudes Survey. (2012). British social attitudes. www.bsa.natcen.ac.uk/latest-report/british-social-attitudes-29/transport/belief-in-climate-change.aspx. Acesso em: 1 jan. 2018.

Brown, R., & Kulik, J. (1977). Flashbulb memories. *Cognition*, *5*, 73-99.

Crane, F. G., & Crane, E. C. (2007). Dispositional optimism and entrepreneurial success. *The Psychologist-Manager Journal*, *10*, 13-25.

Department of Energy and Climate Change. (2015). DECC public attitudes tracking survey. www.gov.uk/government/collections/public--attitudes-tracking-survey. Acesso em: 14 mar. 2018.

Department for Environment Food and Rural Affairs. (2008). A framework for pro-environmental behaviours. www.gov.uk/government/uploads/system/uploads/attachment_data/file/69277/pb-13574-behaviours-report-080110.pdf. Acesso em: 29 jan. 2018.

Department of Health. (2014). Stop the rot: New campaign highlights how cigarettes "rot" the body from the inside. www.gov.uk/government/news/stop-the-rot-new-campaign-highlights-how-cigarettes--rot-the-body-from-the-inside. Acesso em: 19 mar. 2018.

Dichter, E. (1960). *The strategy of desire*. London: Transaction.

Downing, P., & Ballantyne, J. (2007). Tipping point or turning point. *Social Marketing and Climate Change*. London: Ipsos-MORI. www.ipsos-mori.com.

Ehrenreich, B. (2009). *Bright-sided: how the relentless promotion of positive thinking has undermined America*. New York: Holt.

Ehrenreich, B. (2010). *Smile or die: How positive thinking fooled America and the world*. London: Granta.

Eysenck, H. J. (1966). *Smoking, health and personality*. London: Four Square.

Fazio, R. H., Jackson, J. R., Dunton, B. C., & Williams, C. J. (1995). Variability in automatic activation as an unobtrusive measure of racial attitudes: A bona fide pipeline? *Journal of Personality and Social Psychology*, *69*, 1013-1027.

Fredrickson, B. L., & Branigan, C. (2005). Positive emotions broaden the scope of attention and thought-action repertoires. *Cognition & Emotion*, *19*, 313-332.

Friese, M., Wanke, M., & Plessner, H. (2006). Implicit consumer preferences and their influence on product choice. *Psychology & Marketing*, *23*, 727-740.

Gifford, R. (2011). The dragons of inaction: Psychological barriers that limit climate change mitigation. *American Psychologist*, *66*, 290-302.

Gifford, R., et al. (2009). Temporal pessimism and spatial optimism in environmental assessments: An 18-nation survey. *Journal of Environmental Psychology*, *29*, 1-12.

Global Risk Report. (2016). 11th edition. www3.weforum.org/docs/Media/TheGlobalRisksReport2016.pdf. Acesso em: 10 jan. 2018.

Greenwald, A. G. (1990). What cognitive representations underlie attitudes? *Bulletin of the Psychonomic Society*, *28*, 254-260.

Greenwald, A. G., & Banaji, M. R. (1995). Implicit social cognition: attitudes, self-esteem, and stereotypes. *Psychological Review, 102,* 4-27.

Greenwald, A. G., McGhee, D. E., & Schwartz, J. L. (1998). Measuring individual differences in implicit cognition: The implicit association test. *Journal of Personality and Social Psychology, 74,* 1464-1480.

Greenwald, A. G., & Nosek, B. A. (2008). Attitudinal dissociation: what does it mean? In R. E. Petty, R. H. Fazio, & P. Brinol (Eds.), *Attitudes: insights from the new implicit measures* (pp. 65-82). Hillsdale: Erlbaum.

Griskevicius, V., Tybur, J. M., Sundie, J. M., Cialdini, R. B., Miller, G. F., & Kenrick, D. T. (2007). Blatant benevolence and conspicuous consumption: When romantic motives elicit strategic costly signals. *Journal of Personality and Social Psychology, 93,* 85-102.

Griskevicius, V., Tybur, J. M., & Van den Bergh, B. (2010). Going green to be seen: Status, reputation, and conspicuous conservation. *Journal of Personality and Social Psychology, 98,* 392-404.

The Guardian. (2004). Tsunami highlights climate change risk, says scientist. www.theguardian.com/education/2004/dec/31/highereducation.uk1. Acesso em: 22 mar. 2018.

Hoffman, A. J. (2015). *How culture shapes the climate change debate.* Stanford: Stanford University Press.

The Independent. (1996). Eysenck took £800,000 tobacco funds. www.independent.co.uk/news/eysenck-took-pounds-800000-tobacco-funds-1361007.html. Acesso em: 27 fev. 2018.

Intergovernmental Panel on Climate Change. (1995). *Second Assessment Report – Climate Change* (J. T. Houghton, L. G. Meira Filho,

B. A. Callander, N. Harris, A. Kattenberg, & K. Maskell, Eds.). Cambridge: Cambridge University Press.

Intergovernmental Panel on Climate Change. (2007). *Climate Change 2007: The physical science basis* (S. Solomon, D. Qin, M. Manning, Z. Chen, M. Marquis, K. B. Averyt, N. Tignor, & H. L. Miller, Eds.). Cambridge: Cambridge University Press.

Intergovernmental Panel on Climate Change. (2013). *Climate Change 2013: The physical science basis. Contribution of Working Group I to the Fifth Assessment Report of the Intergovernmental Panel on Climate Change* (T. F. Stocker, D. Qin, G. K. Plattner, M. B. Tignor, S. K. Allen, J. Boschung, A. Nauels, Y. Xia, V. Bex, & P. M. Midgley, Eds.). Cambridge: Cambridge University Press.

Intergovernmental Panel on Climate Change. (2014). *Climate Change 2014: Mitigation of climate change. Working Group III Contribution to the Fifth Assessment Report of the Intergovernmental Panel on Climate Change* (O. Edenhofer, R. Pichs-Madruga, Y. Sokona, J. C. Minx, E. Farahani, S. Kadner, K. Seyboth, A. Adler, I. Baum, S. Brunner, P. Eickemeir, B. Kriemamm, J. Savolainen, S. SchlÖmer, C. von Stechow, & T. Zwickel). Cambridge: Cambridge University Press.

Intergovernmental Panel on Climate Change. (2015). *Climate Change 2014: Synthesis report. Contribution of Working Groups I, II and III to the Fifth Assessment Report of the Intergovernmental Panel on Clima-te Change* (The Core Writing Team, R. K. Pachauri, & L. Maeyer, Eds.). Cambridge: Cambridge University Press.

Isaacowitz, D. M. (2006). Motivated gaze: The view from the gazer. *Current Directions in Psychological Science*, *15*, 68-72.

Kahneman, D. (2011). *Thinking, fast and slow*. London: Penguin.

Kasinger, C. (2018). The mind meld of Bill Gates and Steven Pinker. *The New York Times*. www.nytimes.com/2018/01/27/business/mind--meld-bill-gates-steven-pinker.html. Acesso em: 16 mar. 2018.

Kormos, C., & Gifford, R. (2014). The validity of self-report measures of proenvironmental behavior: A meta-analytic review. *Journal of Environmental Psychology*, *40*, 359-371.

Leviston, Z., & Walker, I. (2012). Beliefs and denials about climate change: An Australian perspective. *Ecopsychology*, *4*, 277-285.

Luo, J., & Isaacowitz, D. M. 2007. How optimists face skin cancer information: Risk assessment, attention, memory, and behavior. *Psychology and Health*, *22*, 963-984.

Marshall, G. (2015). *Don't even think about it: Why our brains are wired to ignore climate change*. London: Bloomsbury Publishing.

Mathews, A., & MacLeod, C. (2002). Induced processing biases have causal effects on anxiety. *Cognition & Emotion*, *16*, 331-354.

Maynard, M. (2007). Say "hybrid" and many people will hear "Prius". *The New York Times*. http://www.nytimes.com/2007/07/04/business/04hybrid.html?_r=0. Acesso em: 24 jan. 2018.

McCright, A. M., & Dunlap, R. E. (2011). The politicization of climate change and polarization in the American public's views of global warming, 2001-2010. *The Sociological Quarterly*, *52*, 155-194.

McGuire, L., & Beattie, G. (2016). Consumers and climate change: Can the presence of others promote more sustainable consumer choice? *The International Journal of Environmental Sustainability*, *12*, 33-56.

McGuire, L., & Beattie, G. (2018). Talking green and acting green are two different things: An experimental investigation of the relationship between implicit and explicit attitudes and low carbon consumer choice. *Semiotica, 227*.

Mosing, M. A., Zietsch, B. P., Shekar, S. N., Wright, M. J., & Martin, N. G. (2009). Genetic and environmental influences on optimism and its relationship to mental and self-rated health: A study of aging twins. *Behavioral Genetics*, *39*, 597-604.

Müller, G. E., & Pilzecker, A. (1900). Experimentelle Beiträge zur Lehre vom Gedächtnis. *Zeitschrift Psychologie*, *1*, 1-300.

National Endowment for Science, Technology and the Arts. (2008). Selling sustainability. *Seven lessons from advertising and marketing to sell low-carbon living*. www.nesta.org.uk/sites/default/files/selling_sustainability.pdf. Acesso em: 19 mar. 2018.

Oreskes, N., & Conway, E. M. (2010). *Merchants of doubt*. London: Bloomsbury.

Pahl, S., Harris, P., Todd, H. A., & Rutter, D. R. (2005). Comparative optimism for environmental risks. *Journal of Environmental Psychology*, *25*, 1-11.

Pettigrew, M. P., & Lee, K. (2011). The "father of stress" meets "big tobacco": Hans Selye and the tobacco industry. *The American Journal of Public Health*, *101*, 411-418.

Pierre-Louis, K. (2017). It's cold outside: cue the Trump global warming tweet. *The New York Times*, 28 dez. 2017. www.nytimes.com/2017/12/28/climate/trump-tweet-global-warming.html. Acesso em: 16 mar. 2018.

Rayner, K., Pollatsek, A., Ashby, J., & Clifton, C. (2012). *Psychology of reading*. London: Psychology Press.

Ross, L. (1977). The intuitive psychologist and his shortcomings: Distortions in the attribution process. In L. Berkowitz (Ed.), *Advances in experimental social psychology* (pp.173-220). New York: Academic Press.

Rydell, R. J., & McConnell, A. R. (2006). Understanding implicit and explicit attitude change: a systems of reasoning analysis. *Journal of Personality and Social Psychology*, *91*, 995-1008.

Scheier, M. F., Matthews, K. A., Owens, J. F., Magovern, G. J., Lefebvre, C., Abbott, A., & Carver, C. S. (1989). Dispositional optimism and recovery from coronary artery bypass surgery: the beneficial effects on physical and psychological well-being. *Journal of Personality and Social Psychology*, *57*, 1024-1040.

Schulz, R., Bookwala, J., Knapp, J. E., Scheier, M., & Williamson, G. M. (1996). Pessimism, age and cancer mortality. *Psychology and Aging*, *11*, 304-309.

Segerstrom, S. C., Taylor, S. E., Kemeny, M. E., & Fahey, J. L. (1998). Optimism is associated with mood, coping, and immune change in response to stress. *Journal of Personality and Social Psychology*, *74*, 1646-1655.

Seligman, M. E. (2002). *Authentic happiness: Using the new positive psychology to realize your potential for lasting fulfillment*. New York: Free Press.

Selye, H. (1976). *The stress of life*. New York: McGraw-Hill.

Sharot, T. (2011). The optimism bias. *Current Biology*, *21*, 941-945.

Slovic, P., Finucane, M., Peters, E., & MacGregor, D. G. (2002). Rational actors or rational fools: Implications of the affect heuristic for behavioral economics. *The Journal of Socio-Economics*, *31*, 329-342.

Stern, N. H. (2006). *Stern Review: The economics of climate change*. London: HM treasury.

Taylor, S. (1998). The MacArthur research network on socioeconomic status and health. www.macses.ucsf.edu/research/psychosocial/optimism. Acesso em: 2 mar. 2018.

Tsakiridou, E., Boutsouki, C., Zotos, Y., & Mattas, K. (2008). Attitudes and behaviour towards organic products: An exploratory study. *International Journal of Retail & Distribution Management*, 36, 158-175.

Tukker, A., Huppes, G., Guinee, J., Heijungs, R., de Koning, A., van Oers, L., Suh, S., Geerken, T., Van Holderbeke, M., Jansen, B., & Nielsen, P. (2005). *Environmental Impact of Products (EIPRO): Analysis of the life cycle environmental impacts related to the total final consumption of the EU25*. Brussels: IPTS/ESTO, European Commission Joint Research Centre.

Tversky, A., & Kahneman, D. (1973). Availability: a heuristic for judging frequency and probability. *Cognitive Psychology*, 5, 207-232.

UK Climate Change Risk Assessment 2017. Synthesis report: priorities for the next five years. (2016). www.theccc.org.uk/tackling-climate-change/preparing-for-climate-change/climate-change-risk-assessment-2017/. Acesso em: 1 ago. 2016.

Unilever. (2013). Unilever Sustainable Living Plan. www.unilever.com.tw/Images/slp_Unilever-Sustainable-Living-Plan-2013_tcm13-388693_tcm206-395956.pdf. Acesso em: 1 jan. 2018.

USGCRP. (2017). *Climate Science Special Report: Fourth National Climate Assessment*, Volume I (D. J. Wuebbles, D. W. Fahey, K. A. Hibbard, D. J. Dokken, B. C. Stewart, & T. K. Maycock, Eds.). U.S. Global Change Research Program, Washington, DC. doi: 10.7930/J0J964J6.

Veblen, T. (1899). *The theory of the leisure class*. New York: The New American Library.

Wang, S., Corner, A., Chapman, D., & Markowitz, E. (2018). Public engagement with climate imagery in a changing digital landscape. *Wiley Interdisciplinary Reviews: Climate Change*, 9, e509.

Witte, K., & Allen, M. (2000). A meta-analysis of fear appeals: implications for effective public health campaigns. *Health Education & Behavior*, *27*, 591-615.

World Health Organization. (2017). Climate change and human health. www.who.int/globalchange/en/. Acesso em: 15 mar. 2018.

World Resource Institute. (2014). www.wri.org/blog/2014/05/history--carbon-dioxide-emissions. Acesso em: 10 jan. 2018.

Yang, J. Z., & Kahlor, L. A. (2012). What, me worry? The role of affect in information seeking and avoidance. *Science Communication*, *35*, 189-212.

Zajonc, R. B. (1980). Feeling and thinking: preferences need no inferences. *American Psychologist*, *35*, 151-175.

GRÁFICA PAYM
Tel. [11] 4392-3344
paym@graficapaym.com.br